Textom:

Ultraverlinkung von Weltleitzahlen, Orten, historischen Personen, Geschichtsdaten

Textom

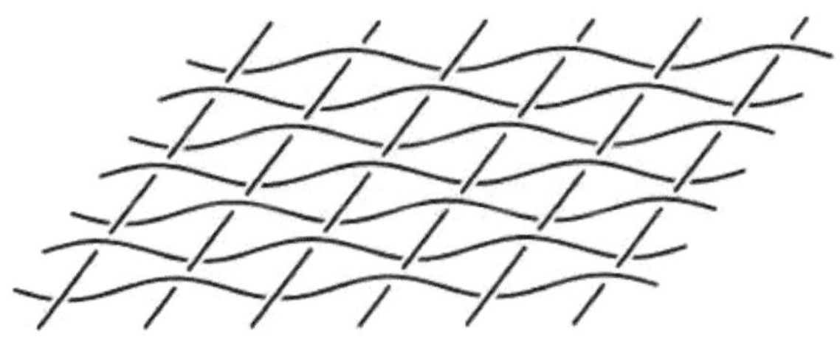

Ultraverlinkung von

Weltleitzahlen, Orten,

historischen Personen,

Geschichtsdaten

Heinrich Geiring

Wie im angelsächsischen Raum seit langem üblich, wird hier häufig das generische Maskulinum verwendet, denn die Gleichheit der Geschlechter kann nur durch gleiche Benennung gefördert werden, nicht durch permanente Nennung der geschlechtlichen Unterschiede. Eine Schauspielerin ist jenseits des Ärmelkanals selbstverständlich "actor" und nicht "actress". Ziel kann deshalb nur sein, die Bedeutung des generischen Maskulinums zu ändern und nicht die Schreibweise durch Sonderzeichen zu verhunzen. Der Rat für deutsche Rechtschreibung hat 2021 "*die Aufnahme von Asterisk ("Gender-Stern"), Unterstrich ("Gender-Gap"), Doppelpunkt oder anderen verkürzenden Formen zur Kennzeichnung mehrgeschlechtlicher Bezeichnungen im Wortinneren*" nicht empfohlen. Dem Rat gehören Sprachexperten aus Deutschland, Österreich, der Schweiz, Südtirol, Liechtenstein und Belgien an.

Impressum

Typoskript: erstellt mit OpenOffice Writer, zuletzt geändert 04.05.2022

Covergestaltung: H. Geiring mit Tool von tredition

Abbildungen: H. Geiring mit ASCIIMathML.js von Peter Jipsen, chapman.edu

Haftungsausschluss: Buch und zugehöriges digitales Material machen nur Vorschläge, wie Aussagen über die Welt in leichter lernbarer Form digital verknüpft und dargestellt werden könnten. Auf die Richtigkeit dieser mehr als 5000 Vermutungen über die Welt wurde aus Mangel an enzyklopädischer, biografischer, geografischer und historischer Kompetenz wenig geachtet. Eine Haftung des Autors für jegliche Personen-, Sach- und Vermögensschäden, die sich aus der fälschlichen Annahme der Richtigkeit des Materials (der Aussagen über die Welt) und aus den Änderungsvorschlägen ergeben, ist daher ausgeschlossen.

Druck und Distribution im Auftrag von H. Geiring: tredition
tredition GmbH, Halenreie 40-44, 22359 Hamburg, Germany

9 783347 610330

ISBN 978-3-347-61033-0 Softcover

978-3-347-61035-4 E-Book

„Und in der Tat hat ja alles, was man
erkennen kann, eine Zahl.
Denn ohne sie lässt sich nichts erfassen
oder erkennen.“

Der Pythagoreer Philolaos (u-470:u-398)
nach Hermann Diels:
'Die Fragmente der Vorsokratiker. Griechisch und Deutsch',
Band 1, Berlin 1903, S. 250

Dieses Buch bezieht sich häufig auf die

installationsfreie HTML-Datei

geiring.de/nb

(genauer: http://www.geiring.de/nb/Index.html, ca. 8 MB),

die hier → Notizbuch oder → Textom genannt wird,

und die mit Browser Chrome auf

Tabletcomputer und Desktop getestet wurde.

Inhaltsverzeichnis

Der Pfeil → verweist auf eine Erläuterung im Glossar ab S. 129.

1

Merken und Vergessen

Im Zeitalter des Internets scheint das Merken von Fakten völlig überflüssig geworden zu sein, weil es so einfach ist, Fakten mit ein paar Klicks aus dem Datenhimmel zu holen.

Dennoch ist in vielen Situationen und Umgebungen der Griff nach dem Smartphone nicht möglich oder nicht erwünscht, oder das Internet kann in digitalen Entwicklungsregionen nicht erreicht werden.

Um Gesprächen inhaltlich folgen zu können, Nachrichten oder Vorträge zu verstehen, ist es oft schon rein zeitlich nicht möglich, Informationen im Internet zu suchen, weil der Vortrag oder die Nachrichten bereits weitergegangen sind, die Eingabe auf Smartphone oder Tablet aber doch zeitaufwändiger ist.

Meine Gesprächspartner merken sehr schnell, ob ich souverän bin, oder ob ich alles zuerst nachschlagen (oder bei Google nachfragen) muss.

Je mehr unbekannte Wörter, Variable, ein Satz enthält, umso weniger verstehe ich.

Im folgenden gehen wir davon aus, dass Faktenwissen über Orte, Personen und Geschichte sehr nützlich sein kann und wir hinterfragen dieses Ziel nicht weiter, wohl wissend, dass Lehrpläne und Bildungsstandards das Ziel Auswendiglernen, Faktenwissen als mittelalterlich vermeiden bzw. tabuisieren.

Wir legen eine Methode dar, stressfrei mit möglichst wenig Aufwand möglichst viele grundlegende Fakten zu lernen.

In der bekannten sechsstufigen Taxonomie der kognitiven Lernziele der Psychologengruppe um Benjamin Bloom kümmern wir uns nur um die unterste Stufe assoziatives "Wissen" und überlassen den Bildungsinstitutionen die fünf höheren Ziele.

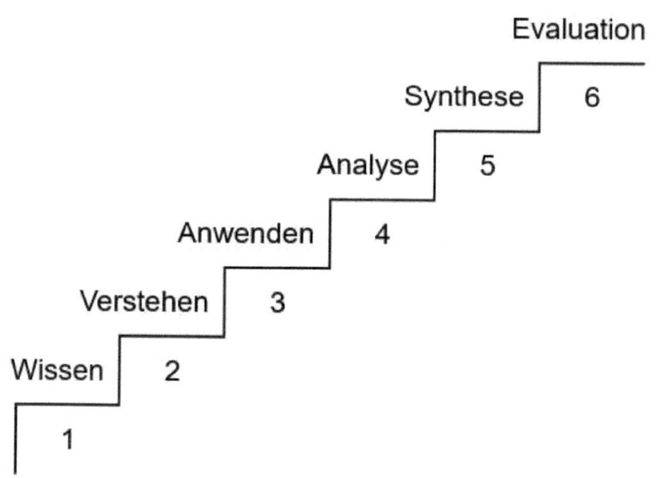

Assoziatives Wissen ist zweiteilig: Frage und Antwort, F&A:

Frage: 3. Monat im Jahr? Antwort: März
Frage: Vorname von Einstein? Antwort: Albert
Frage: Einwohnerzahl USA? Antwort: ca. 332 Millionen

Die Antwort ist der Frage zugeordnet, assoziiert, deshalb einfaches, assoziatives Wissen.

Assoziatives Wissen ist die Grundlage für das Verständnis von Zigtausenden höherer Konzepte wie Variable, relative Adresse, Excel-Funktion, Personalisierte Verhältniswahl, Axiomatik, Regulärer Ausdruck, forensische Medizin, Virusgenom, Impfstoffherstellung, Quantenphysik, Neuronales Netz und, und, und.

Für die Wissensaneignung auf dem untersten Level genügen Maschinen, für die fünf höheren Ziele sind Lehrkräfte zur Vermittlung meist unverzichtbar.

Unser Ziel ist nicht, die Erde untertan[1] zu machen, sondern Computer untertan zu halten, dass sie nicht über uns bestimmen, sondern wir über sie.

Insbesondere, was Geschehnisse an entfernten Orten auf dem Globus betrifft, sollte man eine grobe Vorstellung haben, wo sich ein Ort befindet, dessen Name man hört oder liest; das ist reines Wissen, ohne Verstehen.

Wenn ich "Bamako" höre, ist es schon mal gut zu wissen, dass dieser Ort in Afrika liegt.

Afrika ist jedoch größer als 30 Millionen Quadratkilometer; selbst das Wissen "Bamako liegt in Mali" lässt noch viele Möglichkeiten der Lokalisation offen, wenn ich nicht weiß, wo der Staat Mali (oder Malawi?) in Afrika liegt.

Zum Kontinent Afrika mit umgebenden Inseln gehören mehr als 50 Staaten.

Nachrichten über Geschehnisse an einem Ort werden schnell vergessen, wenn sie nicht mit einer lokalen Vorstellung, etwa mit einer Position auf einer Landkarte, verbunden werden können.

Ob es sich um gewaltsame Ausschreitungen in Minneapolis handelt oder um Umweltverschmutzungen in Potosí, es wäre einfach gut, diese Orte rasch aus dem Gedächtnis ungefähr lokalisieren zu können, ohne vorher Google Earth

1 Lutherbibel, 1M1'28: "Und Gott segnete sie [Adam und Eva] und sprach zu ihnen: Seid fruchtbar und mehret euch und füllet die Erde und machet sie euch untertan ..."

zu öffnen, ohne einen Ortsnamen einzutippen, ohne auf das Internet zu warten und auf geeignete Maßstäbe zu zoomen, um den Ort in der eigenen, inneren Landkarte zu positionieren.

Wobei **ein** Ortsname oft nicht genügt; es gibt in den USA 42 Springfield und 57 Lincoln, davon 13 Orte Lincoln allein in Wisconsin.

Ein fremder Ortsname wie Hyderabad (Indien oder Pakistan?), den man nicht einer Weltgegend zuordnen kann, ist sinnfreies Wissen, das sehr bald vergessen wird, weil es nirgendwo eingeordnet, zugeordnet werden kann.

Wenn ich den Namen "Los Angeles" höre, mache ich – ohne zu wollen – blitzschnell auf einer gedachten, vor mir liegenden Weltkarte mit Nullmeridian in der Mitte einen Flug nach Westen und lande im Geiste auf einem Punkt, den ich für Los Angeles halte.

"Los Angeles" löst Begleitvorstellungen aus, wie Stadt in den USA, Stadtlandschaft mit 100 km Durchmesser, Stadt nahe am Pazifik, Strand, "It never rains in Southern California" und vieles mehr.

Beim Hören des Wortes "Atlantis" wüsste ich keinen Ort, an dem ich Atlantis fixieren könnte; um alle behaupteten Orte darzustellen braucht es eine Weltkarte.

Der Psychologe Hermann Ebbinghaus, Pionier der kognitiv-psychologischen Forschung, hat in monatelangen Selbstversuchen sinnlose Silben auswendig gelernt und in Zeitabständen abgefragt.

Er entwickelte ein Maß für das Vergessen von sinnfreiem Wissen, das man sich angeeignet hat und behalten möchte.

Bei der Einarbeitung in ein neues Gebiet machen die Begriffe zunächst wenig Sinn; die Sinnhaftigkeit entsteht erst, wenn man genügend viele Festlegungen kennt, also zunächst mehr oder weniger Sinnloses auswendig gelernt hat.

Ein gutes Fachbuch baut den Stoff aus Grundbegriffen so auf, dass man möglichst leicht auf größere Höhen des Verständnisses von Konzepten kommt.

Die Ergebnisse der Versuche von Ebbinghaus sind fundamental für das Verständnis des menschlichen Gedächtnisses.

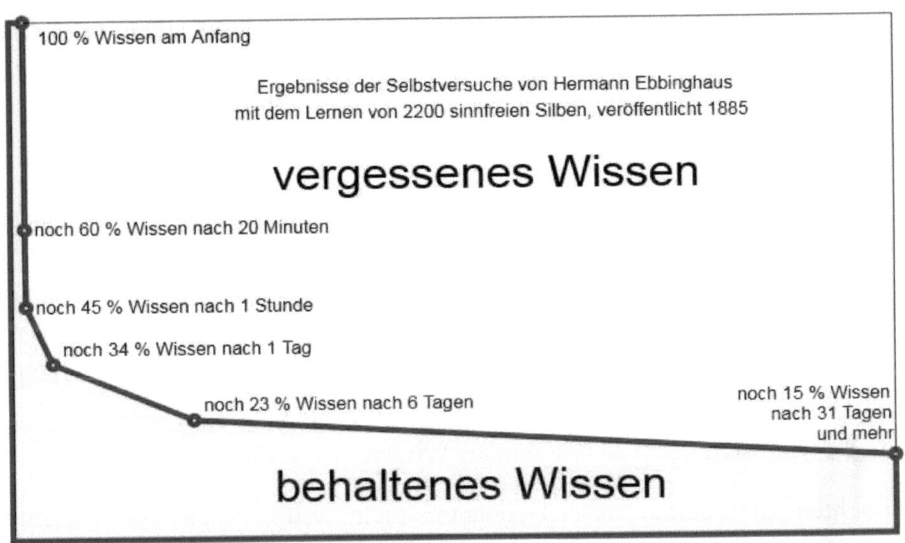

Isoliertes Wissen wird schnell vergessen.

Um Wissen besser behalten zu können, sollte es sinnhaft sein und mit anderem Wissen verknüpft sein.

Wissen, das nicht mit Bildern, Gerüchen, Emotionen, Episoden, Personen oder Orten verknüpft ist, wird leicht vergessen.

Bei verknüpftem Wissen ist die Behaltenskurve (S. 58) viel weniger steil abfallend.

Bücher über das Lernen enthalten viele Ratschläge, wie man Wissen verknüpfen und mit Sinn versehen soll.

Dem ist ohne Einschränkung beizupflichten; Verknüpfen bedeutet aber viel Arbeit für die Lernperson, Arbeit, die wegen Zeitdruck bis zur Prüfung meist unterlassen wird.

Dann kommt das Büffeln, das Immer-Wieder-Lesen, das so frustrierend ist, weil das Wissen auf diese Weise nicht länger haften bleibt.

Hier haben wir keinen Prüfungsdruck; wir wollen herausarbeiten, wie man optimal Massendaten (Hunderte[2] von Orten, Hunderte von Personen) lernen kann; und Spaß dabei haben kann, weil wir es nicht müssen.

Indem wir es als Spiel auffassen wie Mau-Mau, Mühle oder Schach, entfällt jeglicher Zwang, und wir vermehren schleichend unser Wissen.

Wir belasten uns nicht mit wissenschaftlichen Begriffs-Systemen, sondern verwenden einfache Modelle wie verdunstendes Wasser für verdunstendes Wissen.

Dazu müssen wir nicht wissen, dass der Winkel H-O-H von H_2O 104.45 Grad ist, uns hilft mehr der Vergleich, dass ein dünner Wasserfilm extrem schnell verdunstet, genauso wie dünnes Wissen.

Wir achten dabei darauf, unser Gedächtnis nicht zu überlasten, uns eher eine Lerngewohnheit anzueignen als schnell viel zu lernen.

Wichtiger als das Merken von Zahlen ist das Kennenlernen von Ortsnamen und Namen bedeutender Personen, die uns zuvor nicht geläufig waren, die jetzt unseren Wortschatz vermehren.

Wir wollen einfach unsere Allgemeinbildung anheben, um globaler und historischer, in größeren Zeiträumen als ein Menschenleben, denken zu lernen.

Das Hauptziel ist, spielerisch eine Lerngewohnheit auszubilden, ganz gleich, um welchen Lernstoff es sich handelt, denn Stillstand ist Rückschritt.

Das zum Buch gehörende digitale Material – eine installationsfreie HTML-

2 In der Schule hat man wöchentliche Termine für Fremdabfrage von höchstens 40 Items pro Test (Vokabeln, Begriffe, Prozeduren, Konzepte). Erst in der Abschlussprüfung wird es dann um vieles mehr, im Hauptschul-, Realschulabschluss, im Abitur, in der Gesellen- und Meisterprüfung oder im Hochschulexamen.

Datei[3] – leistet diese Verknüpfungsarbeit für mehr als 3300 historische Personen, 1700 Orte und 550 geschichtliche Ereignisse.

Diese Datei – www.geiring.de/nb – nennen wir hier durchgehend "das → Notizbuch"; ein professionell hergestellter digitaler Informationszugang dieser Art könnte passender → Textom (S. 101) genannt werden.

Mit der täglichen Nutzung des Notizbuches, beispielsweise mit dem Browser Chrome auf einem Tabletcomputer, bekommt man eine klarere Vorstellung der Lage bedeutender Orte auf dem Globus.

Auch wird man mit den Leistungen auf vielen Gebieten von historischen Personen bekannt, ohne die unsere heutige Welt viel ärmer wäre und wir viel mehr arbeiten müssten oder viel früher sterben[4] müssten.

Über Zahlen werden diese Wissensarten (Orte, Personen, Geschichte) miteinander verknüpft und so "haltbarer" im Gedächtnis gemacht.

Die Leserichtung ist nicht linear wie in einem Buch, sondern an jedem Punkt gibt es viele Möglichkeiten, per Klick oder Tastatureingabe beim Erkunden an ganz anderer Stelle fortzufahren.

Sie sind der Steuermann oder die Kapitänin bei den Reisen durch die Geschichte und über den Globus, nicht nur auf der zweidimensionalen Oberfläche, sondern in mehreren Dimensionen des Wissens.

Sie haben von der "Schlacht bei Kadesch" gehört als einer Aktion von Ramses II. – doch wo liegt (oder lag) Kadesch?

Die Eingabe von "Kade" (ohne Enter-Taste) in das → Notizbuch bewirkt bereits die Anzeige dieser Liste:

---

3 Für die Programmierung dieser Datei mit JavaScript wählte ich den Browser Chrome, weil er vor Jahren bei Arbeitsbeginn die gewünschten Fähigkeiten hatte. Da es nur darum geht, die prinzipielle Funktionsfähigkeit des Prototyps zu zeigen, wären Tests auf anderen Browsern einfach nur zeitraubend.

4 Nach Hans Rosling: 'Factfulness', London 2018, 342 S., S. 55, stieg die Lebenserwartung von 1800 bis 2017 global von 31 auf 72 Jahre.

35 037 Kadesch (hist) [u] < Syrien < Asien ooo ::
35'37

Schlacht bei Kadesch -1274 »« ggg [mehr]

2 Funde mehr mit + am Ende,
sucht auch in blauen [mehr]-Blöcken

Damit ist angegeben, dass Kadesch eine historische Stadt ("hist") ist, die heute nicht mehr oder nicht mehr unter diesem Namen existiert.

"Kadesch < Syrien" bedeutet, dass Kadesch im heutigen Syrien liegt/lag.

"Syrien < Asien" bedeutet, dass sich Kadesch und (mindestens dieser Teil von) Syrien in Asien befinden.

"ooo" am Ende bedeutet, dass es sich um einen der Hauptorte des Notizbuches handelt.

Klick auf "ooo" oder Tastatureingabe "ooo" zeigt alle 1700 Hauptorte in einer Liste an, geordnet von 179° West nach 180° Ost.

Klick auf [u] hinter Kadesch zeigt eine gerasterte Landkarte mit Kadesch im Zentrum (Abbildung nächste Seite).

Die Zahlen "35 037" vor Kadesch sind die → Weltleitzahlen von Kadesch:

Kadesch liegt dem 35. Breitengrad am nächsten und dem 37. Längengrad ebenfalls.

Genauer: Kadesch liegt auf dem Breitenstreifen zwischen 34.5° Nord (einschließlich) und 35.5° Nord (ausschließlich).

Da aber auch Homs im gleichen → Plantrapez liegt wie Kadesch, steht im Zentrum der Anfangsbuchstabe "H" von Homs (statt "K" von Kadesch), in violetter Farbe.

```
I · · · · · · ·     T · · · ·
I · · A · H · · · · · E · · ·
· · · · · K · · · · · · · V ·
· · · · · K · · · · D · · · ·
· A · · · T C G M H · N · D ·
            L A A R · · S M E
      N ·   T H P · · · · A K
          B D · · · · · · · ·
          H · · · · · · · · B
        G J A · · · · · · · N
A A P · · T · · · · · · · · ·
· K · S · A · · · · S · · · ·
· A ·   S · · · · · · · · · ·
· · · · S N · T · T · · · · ·
```

[u] wurde gewählt, weil "u" der Anfangsbuchstabe von "Umgebung" ist, wobei jede Eingabe in Großschrift gleichwertig zu Kleinschrift ist.

"Umgebung" ist im globalen Maßstab, in dem die Rasterkarten angelegt sind, nicht nur ein Umkreis von ein paar Kilometer, sondern ein Winkel-Viereck von 15° × 15°, also rund 1666 km × 1400 km um Kadesch.

Unterhalb der Rasterkarte stehen die Orte, die im gleichen Plantrapez liegen wie Kadesch, in diesem Fall nur ein weiterer Ort: Homs.

35 037 Homs [u] < Syrien < Asien ooo :: 35'37

35 037 Kadesch (hist) [u] < Syrien < Asien ooo :: 35'37

Bedeutend an Kadesch ist der älteste bekannte Friedensvertrag der Welt, der nach dieser Schlacht -1274 (= 1274 v. Chr.) zwischen Ramses II. und Hattusili III. ausgehandelt worden war.

Der nächste Buchstabe in der Rasterkarte südwestlich vom zentralen "H" ist "D".

Klick auf dieses "D" färbt "D" orange und zeigt unterhalb der Rasterkarte:

34 036 Damaskus [u] < Syrien (Hs) < Asien ooo .. 34'36

34 036 Tripoli [u] < Libanon < Asien ooo .. 34'36

Hinter Syrien erscheint jetzt "(Hs)", was Hauptstadt bedeutet.

Damaskus [u] < Syrien (Hs)

ist zu lesen als: Damaskus ist Syriens Hauptstadt.

Durch diese knappe Notation von Hauptstädten kann man auf "Hs" klicken und bekommt eine Liste aller Hauptstädte der Erde, geordnet von Nord nach Süd.

Grundsätzlich kann man alle schwarzen Wörter in Listen des → Notizbuchs anklicken, wodurch sie in das große Eingabefeld am Bildschirm oben katapultiert werden und eine neue Liste anzeigen.

Jeder Anfangsbuchstabe in der Rasterkarte kann geklickt werden, um zu sehen, welcher Ort sich da verbirgt.

Das sind in der obigen Rasterkarte 54 Klickmöglichkeiten.

Das Zentrum "H" der Karte wird dadurch nicht verändert, aber es kommt ein neues [u] hinter Damaskus zum Vorschein, das geklickt werden kann und Damaskus zum neuen Zentrum der Rasterkarte macht.

Es wird klar, dass mit der Rasterkarte der Nahe Osten dargestellt ist mit 54 Orten, markiert durch ihren Anfangsbuchstaben.

Die schwarzen Punkte sind Landpunkte, denen keine Stadt zugewiesen ist, weil da keine Stadt ist oder weil die Rasterkarte übersichtlich gehalten werden soll.

Jeder Punkt auf der Rasterkarte ist das Zentrum eines → Plantrapezes, also ein Ort mit ganzzahligen Koordinaten.

Um die Landmasse gegen das Meer und die größeren Gewässer (hellblaue Punkte) besser abzugrenzen, kann man am oberen Rand der Rasterkarte auf [fett] klicken, wodurch die Landpunkte fetter werden.

Nun ist Zypern als Insel mit der Stadt "N" wie Nikosia besser zu erkennen.

Beim → Notizbuch handelt es sich nicht um enzyklopädisches Wissen über die Welt, sondern nur um die Orte, die mir im letzten Jahrzehnt beim Lesen begegnet sind und die ich schnell wiederfinden möchte.

Das Durchklicken bis zur gewünschten Seite in Wikipedia verschafft mir keine haltbare Vorstellung, wo sich der Ort auf dem Globus befindet.

In der deutschen Tablet-Version von Wikipedia werden mir von vielen Orten nicht die Koordinaten angegeben, während ich in meinem Notizbuch sofort den Vergleich zu anderen Orten habe, was mir die Zuordnung zu einer Weltgegend ermöglicht.

In 193 Ländern sind mehr als 400 Koordinatensysteme, Koordinatenreferenzsysteme, Kartennetzentwürfe, Kartenprojektionen der ungefähr kugelförmigen Erdoberfläche in Gebrauch.

Jedes dieser Systeme ist für bestimmte Zwecke oder Regionen besonders gut geeignet.

So ist die Karte der Londoner U-Bahn für Einwohner und Besucher von London [52 000] besonders praktisch, obwohl sie alles Geografische verzerrt wiedergibt und auch sonst von vielen Dingen abstrahiert.

Von Projektion kann man beim schematischen U-Bahn-Plan nicht reden.

Die Schweizer Landeskoordinaten – im System CH1903 – sind besonders gut geeignet für Vermessung und Bauwirtschaft, weil aus Koordinaten in Grundstücken unmittelbar Abstände in Meter ohne Umrechnung mit Winkelfunktionen abgelesen werden können; alle Koordinaten von Orten in der Schweiz sind positiv, da der Koordinatenursprung bei Bordeaux [45 -001] liegt.

Die London-Touristin hat keinen Nutzen vom CH1903, und der Schweizer, der in Appenzell [47 009] bauen will, findet die U-Bahn-Karte von London nicht zielführend.

Mit unserer Rasterkarte, die auf den Koordinaten von WGS84[5] beruht und nur rund alle 100 Kilometer einen Punkt setzt, bedienen wir das Interesse von Menschen, die sich die ungefähre, gegenseitige Lage von Weltstädten und vielen anderen interessanten Orten auf dem Globus einprägen möchten.

An einem solchen Rasterpunkt, der ein → Plantrapez repräsentiert, kann es dann mehrere Städte geben, wie z. B. im Plantrapez [39 -077]:

5 Das WGS84 (World Geodetic System 1984) ist weit verbreitet, wird auch vom GPS (Global Positioning System) verwendet, mit dem die meisten Navigationssysteme arbeiten.

39 -077 Alexandria [u] < Virginia < USA ooo :: 39'77

39 -077 Arlington [u] < Virginia < USA ooo :: 39'77

Luftlinie: 9.5 km Kurs: 348°

39 -077 Baltimore [u] < Maryland < USA ooo :: 39'77

39 -077 Washington, D. C. [u] < District of Columbia < USA (Hs) ooo :: 39'77

- -

AlArBaWa 39'77 :: mne [mehr]

Mit dem → Zauberwort AlArBaWa, das entfernt wie Abrakadabra klingt, können wir die Städtenamen expandieren.

Das digitale → Notizbuch ist ein Prototyp, kein professionelles Fertigprodukt.

Das digitale Notizbuch enthält viele nützliche Neuerungen, die es von buchähnlichen Fließtexten im Internet unterscheiden.

Die Rasterkarte ist nur auf rund 100 km in jeder Richtung genau; steht "Kadesch" im großen Eingabefeld, ist der erste Datensatz in der Liste

35 037 Kadesch (hist) [u] < Syrien < Asien ooo :: 35'37

Im Datensatz versteckt[6] sind die Koordinaten auf vier Dezimalstellen genau, und ein Klick auf Button "K" (wie Karte) führt ins Internet, zeigt eine OpenStreet-Karte mit rotem Marker im Zentrum, der auf den genauen vermuteten Ort von Kadesch am Orontes zeigt, in einer "normalen" Landkarte.

Für eine schnelle Orientierung ist es nicht notwendig, Button "K" zu klicken;

6 Mit & hinter dem Ortsnamen Kadesch& werden die genauen Koordinaten sichtbar. Sich viele genauere Koordinaten zu merken macht keinen Sinn.

wer jedoch die Lage auf einer üblichen Karte sehen will, klickt Button "K" neben dem großen Eingabefeld.

Bei geeigneter Zoomstufe erscheint dann am roten Marker in der OpenStreet-Karte eine Amphore, die auf eine historische Stätte hinweist: Kadesch.

Mir persönlich reicht es jedoch zu wissen, dass Kadesch bei Homs und Damaskus zu suchen ist, was ich im Notizbuch mit wenigen Klicks oder Tastatureingaben ohne langwieriges Suchen und Zoomen erhalte.

Je länger eine Suche im Internet voraussichtlich dauert, umso häufiger wird die Suche unterlassen; schon deshalb nimmt mit Computer das Wissen in den Köpfen nicht einfach zu.

Ein Ziel des → Notizbuches ist ohne Internet auszukommen, nachdem die Datei aus dem Internet in den Browser geladen ist, ebenso werden die Eingabe(n) zur Suche extrem verringert.

Wir alle haben ein Gefühl dafür, was 35 °C bedeutet: Sehr heiße Luft, Schwitzen ist angesagt, Schatten wird gesucht.

Nach häufigem Gebrauch der Rasterkarten weiß man einige Orte, die auch im 35-Grad-Nord-Streifen von Homs liegen: Memphis (Tennessee), Heraklion auf Kreta, Kabul in Afghanistan, die alte Hauptstadt Kaifeng in China oder die Metropolregion Keihanshin (Kyoto, Osaka, Kobe) in Japan.

Keine Wettervorhersage begnügt sich mit: "Heute wird es sehr heiß".

In jeder Wetterkarte sind an einigen Orten Temperaturen in Grad angegeben, keine umgangssprachlichen Hinweise wie "kalt", "kühl", "warm", "heiß".

Bei Nennung von entfernten Orten sind begleitende Weltleitzahlen noch nicht üblich, aber mit wachsender europäischer und globaler Kooperation macht das ebenso Sinn wie die Temperaturangaben in der Wetterkarte.

Mit der Rasterkarte reisen wir im Geiste blitzschnell um die Welt, mehrmals am Tag: Wir denken globaler.

Je mehr Orte mit Weltleitzahlen man kennt, umso leichter fällt die automatische Einordnung "liegt südlicher als", "liegt östlicher als", "liegt auf der Südhalbkugel", "liegt in der östlichen Hemisphäre", "liegt knapp über dem Äquator", usw.

Die vier Punkte "::" im Datensatz

```
35   037   Kadesch (hist)  [u]  < Syrien < Asien   ooo ::
     35'37
```

bedeuten, dass Kadesch über die beiden Zahlen 35 und 37 mit drei weiteren Orten (oder Personen) verbunden ist.

Wir finden diese Verknüpfungen, indem wir 35'37 anklicken:

```
37   035   Tarsus  [u]  < Türkei < Asien   ooo :: 37'35
35   037   Homs  [u]  < Syrien < Asien   ooo :: 35'37
Luftlinie: 324 km        Kurs: 138°
35   037   Kadesch (hist)  [u]  < Syrien < Asien   ooo ::
     35'37
35   137   Nagoya  [u]  < Honshu (Insel) < Japan < Asien
     ooo :: 35'37
- - - - - - - - - - - - - - - - - - - - - - - - - - - - - - -
TaHoKaNa  35'37  :: mne  [mehr]
```

Bei der Stadt Tarsus sind die beiden Zahlen vorn vertauscht, also wird Nord zu Ost und Ost zu Nord.

Gedächtnismäßig sind die beiden Weltleitzahlenpaare [35 037] und [37 035] so ähnlich, dass sie besser zusammen erinnert werden.

Bei der Stadt Nagoya kommt eine Eins hinzu:

Aus [35 037] wird [35 **1**37], d. h., von Homs 100 Grad nach Osten geflogen landet man im → Plantrapez von Nagoya.

Auch sind 037 und 137 so ähnlich, obwohl so weit voneinander entfernt, dass sie besser zusammen erinnert werden.

Wer weiß, dass der 100-Grad-Meridian u. a. durch China, Thailand, Malaysia und Indonesien geht, kann Homs und Nagoya nicht verwechseln.

Aus der Navigation von Verkehrsflugzeugen übernehmen wir den Brauch, ganzzahlige Nord-Süd-Koordinaten immer mit zwei Ziffern und ganzzahlige Ost-West-Koordinaten immer mit drei Ziffern anzugeben.

Fehlende Ziffern sind mit führenden Nullen aufzufüllen.

Das hat enorme Vorteile; wir können das ohnehin seltene Gradzeichen ° und das längliche "Nord", "Süd", "Ost", "West" einfach weglassen.

Knappere Darstellungen brauchen weniger Gedächtnis, deshalb machen wir das.

"496" braucht weniger Gedächtnis als "vierhundertundsechsundneunzig".

Franzosen müssen dafür zum Aussprechen sogar rechnen:

496 = quatre cent quatre-vingt-seize = vier hundert vier-zwanzig-sechzehn

Sprecher des Deutschen verdrehen auf absurde Weise völlig unlogisch plötzlich die Reihenfolge: zuerst die Hunderter, dann die Einer, dann die Zehner.

Um die Ähnlichkeit der Koordinaten von Homs und Nagoya zu sehen, lassen wir die Hunderter weg, die Vorzeichen für Nord/Süd und Ost/West sowieso.

Wir lassen gar die Vertauschung zu, um die Ähnlichkeit der Koordinaten von Tarsus und Homs zu sehen, die doch 320 km Luftlinie entfernt liegen.

Dadurch erhalten wir ein neues Objekt: den → 2-2-Rest (lies: Zwei-Zwei-Rest), den wir durch ein Hochkomma ' zwischen den beiden zweiziffrigen Resten markieren.

Der 2-2-Rest sind die beiden Reste bei Division durch 100.

17**49** geteilt durch 100 ist 17 Rest **49**, also ist **49'32** der 2-2-Rest von 17**49**:18**32**.

17**49**:18**32** → **49'32**

Anders formuliert: Der 2-2-Rest sind die letzten beiden Ziffern von zwei ganzen Zahlen, getrennt durch Hochkomma (').

Dadurch können wir Ähnlichkeit und leichte Lernbarkeit auch bei zusammengehörigen Jahreszahlen (von:bis) herstellen:

Zahlenpaar	zugehöriger 2-2-Rest	Bemerkungen
-100:-44	00'44 (= 44'00)	100 bis 44 v. Chr. Lebenseckdaten von Cäsar
-4:65	04'65 (= 65'04)	4 v. Chr. bis 65 n. Chr. Lebenseckdaten von Seneca
962:1806	06'62 (= 62'06)	historische Epoche HRR 962-1806
1749:1832	32'49 (= 49'32)	Lebenseckdaten von Goethe
[-16 -048]	16'48 (= 48'16)	16° Süd, 48° West (Brasilia)
[48 016]	16'48 (= 48'16)	48° Nord, 16° Ost (Wien)
[41 -074]	41'74 (= 74'41)	41° Nord, 74° West (New York City)

Beim Vergleich der Zahlenpaare mit der Spalte Bemerkungen sieht man, wie prägnant unsere vorgeschlagene Notation hier im Vergleich zur Tradition mit "Abkürzungen" **v. Chr.**, **n. Chr.**, **° Nord**, **° Süd**, **° Ost**, **° West** ist.

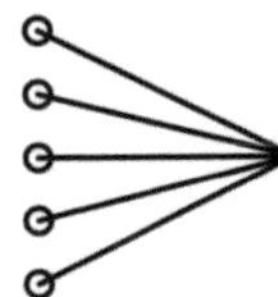

Der Weg vom Zahlenpaar zum → 2-2-Rest ist eindeutig; der umgekehrte Weg absichtlich nicht.

Dadurch können mit **einem** 2-2-Rest die Lebenseckdaten mehrerer historischer Personen und Epochen plus Weltleitzahlenpaare verknüpft werden.

Verbindet ein 2-2-Rest genau zwei Datensätze, enthält jeder dieser Datensätze hinten zwei Punkte ".." und den 2-2-Rest.

Verbindet ein 2-2-Rest genau drei Datensätze, enthält jeder dieser Datensätze hinten drei Punkte "..." und den 2-2-Rest, der die drei verbindet.

Bei vier Datensätzen sind es die Punkte "::", bei fünf Datensätzen "::." und bei sechs verbundenen Datensätzen ":::", jeweils anschließend der 2-2-Rest.

Mehr als sechs Datensätze sind sehr selten und werden nicht mit mehr als leicht erkennbaren sechs[7] ":::" Punkten markiert.

Es werden – um Überforderung zu vermeiden – auch keine → Zauberwörter mit mehr als sechs Silben gebildet.

7 George A. Miller: "The magical number seven, plus or minus two: Some limits on our capacity for processing information", 1956, *doi:10.1037/h0043158*, zeigt auf, dass bei sieben Chunks (Gedächtnishappen) für die meisten Menschen eine Grenze erreicht ist. Miller hat den psychologischen Ausdruck "Chunk" in diesem Artikel geprägt. Meine Gedächtnisspanne beträgt nur 5 Chunks im Arbeitsgedächtnis.

2

Kompression und Expansion

Üblicherweise versucht man einen Lernstoff, so umfangreich, wie er ist, im Langzeitgedächtnis (LG) zu verinnerlichen:

Das ist der schnelle Weg, mit der Folge, dass der umfangreiche Lerninhalt nicht sicher (gestrichelt) erinnert werden kann.

Je kürzer ein Lernstoff ist, desto leichter lässt er sich merken.

Deshalb schlagen wir vor, den Lernstoff vor dem Lernen auf ein Mem zu kürzen, um ihn sicherer erinnern zu können.

Es ist jedoch viel Zeitaufwand, Lernstoff geeignet zu kürzen.

Bekannt sind einige Eselsbrücken, die wir von anderen übernehmen, für viele Lernstoffe sind uns keine Eselsbrücken bekannt.

Ein schlechtes Beispiel für Kürzung aus dem Mittelalter sind die sieben Todsünden:

Superbia	S		Hochmut
Avaritia	A		Geiz
Luxuria	L		Verschwendung
Ira	I	SALIGIA	Zorn
Gula	G		Völlerei
Invidia	I		Neid
Acedia	A		Trägheit

Mit nur einem Kunstwort "SALIGIA", das sogar lateinisch klingt, konnten sich im Mittelalter Nonne und Mönch immer selbst daran erinnern, was zu tun oder zu lassen war.

SALIGIA komprimiert 43 Buchstaben (Latein) herunter auf 7 Buchstaben ("7 Siegel"); das ist eine Kompression mit Faktor 6.

Schlecht[8] ist das Beispiel SALIGIA, weil es Probleme gibt, denn beim Rückübersetzen der Anfangsbuchstaben (Siegel) in die zugehörigen Worte

8 Das mittelalterliche Schnellschreibsystem kannte noch schwerer zu expandierende Kürzel wie .n. = enim, g˜ = igitur, g° = ergo, h = nihil, ohne Anfangsbuchstabe (aus den 14 000 Abkürzungen in Adriano Capelli: 'Wörterbuch ...', Leipzig, 1928, S. XII; http://www.ub.uni-koeln.de/cdm/ref/collection/mono20/id/8533). Abbreviatoren (Abkürzer) waren wichtige Beamte in der Kanzlei des Vatikans.

gibt es zwei gleiche "A" und zwei gleiche "I" und damit die Frage: "Welches ist welches?"

Dennoch kann das Initialwort SALIGIA eine Hilfe beim Hersagen der sieben Todsünden sein, wenn man Latein kann.

Das Prinzip "Order forces Recall"[9] (Ordnung erzwingt Abruf) kannten schon Aristoteles und Thomas von Aquin; Ordnung hilft beim Expandieren, beim Abrufen von Gedächtnisinhalten.

Die Kompression eines Wortes auf einen einzigen Buchstaben ist zu stark, um das Gelernte leicht expandieren zu können, da es sich im Notizbuch um rund 500 solcher komprimierten Worte (S. 161) handelt.

Bei der Bildung von Kompressionen habe ich mich für Wortanfänge entschieden, die zusammengefügt sprechbare Wörter ergeben, um leichter expandieren zu können.

Diese Wortanfänge sind Silben oder Teile von Silben.

Beim Hinzufügen eines neuen Datensatzes zum Notizbuch, der den gleichen 2-2-Rest hat wie zwei schon vorhandene Datensätze, macht der Computer einen Vorschlag für ein solches Kompaktwort, das ich → Zauberwort nenne, weil es beim Erinnern hilft.

Das Zauberwort **TaHoKaNa** (s. untere Blockzeile S. 23) ist eine Kompression aus

Tarsus —— **TaHoKaNa** 35'37

Homs

Kadesch (Durch Kompression entsteht ein Mem)

Nagoya

9 Richard Sorabji: 'Aristotle on Memory', Chicago 1972, 2.2004, S. 55, übersetzt Aristoteles, 'De Memoria et Reminiscentia' 451 b 33ff aus dem Griechischen ins Englische so: "And whatever has some order, as things in mathematics do, is easily remembered." (Die deutsche Übersetzung war mir viel zu teuer.)

Zusammen mit dem 2-2-Rest 35'37 bildet das Zauberwort ein → Mem.

Dieses Mem ist die Kompression von

37 035 Tarsus [u] < Türkei < Asien ooo :: 37'35

35 037 Homs [u] < Syrien < Asien ooo :: 35'37

35 037 Kadesch (hist) [u] < Syrien < Asien ooo :: 35'37

35 137 Nagoya [u] < Honshu (Insel) < Japan < Asien ooo :: 35'37

Das sind immerhin mehr als 100 Zeichen des Alphabets, die auf 12 Zeichen komprimiert wurden, wobei die Leerzeichen, 2-2-Reste, Punkte (::), Kleinerzeichen nicht mitgezählt sind.

Natürlich gibt es darin Wiederholungen, jedoch ist keine Angabe überflüssig (redundant) für jemand, der die Orte noch nicht kennt.

TaHoKaNa hat vom Wortlaut her nichts mit Asien zu tun, "Asien" ist nicht redundant.

Die Kompression ist in diesem Beispiel also achtfach.

Orte kommen zuerst, dann folgen Anfangssilben von Personen chronologisch in → Zauberworten.

Unsere Symbole für jegliche Kompression (links) und Expansion (rechts):

Im Durchschnitt ist die Kompression im Notizbuch fünffach; die 5:1-Symbole werden auch für andere Faktoren benutzt.

Die Symbole sollen sagen: Aus viel wird wenig, und aus wenig wird viel; Quantität ändert Qualität.

Viele werden zu einem verknüpft, ein Gelerntes wird zu vielen expandiert.

Bevor wir lernen, komprimieren wir, beim Erinnern expandieren wir.

Komprimieren von Koordinaten bedeutet beim 2-2-Rest 10'45 geometrisch von Bild 4 zu Bild 1 zu gehen.

Bild 1 Bild 2 Bild 3 Bild 4

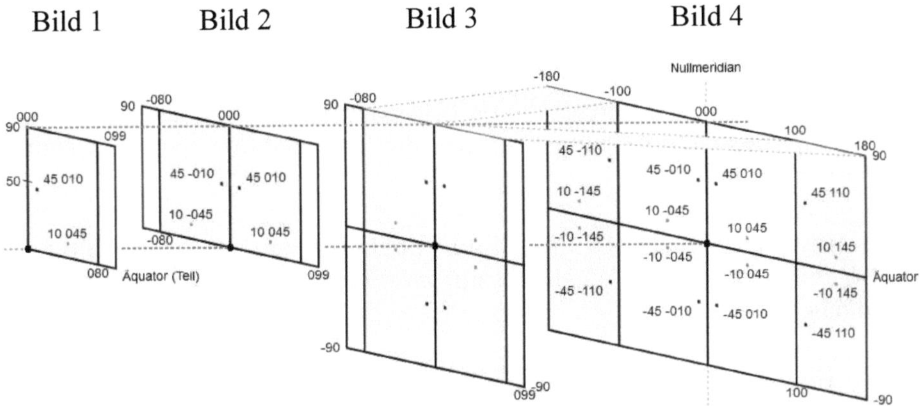

In Bild 4 ist der Rahmen der vollen Weltkarte -180° bis +180° von West bis Ost und +90° bis -90° Nord bis Süd in acht Felder eingeteilt, darin als Punkte alle 16 Orte, die zum 2-2-Rest 10'45 gehören könnten, wenn nicht 70 Prozent der Erdoberfläche von Meer bedeckt wären.

Die vier äußeren, schattierten Rechtecke der Weltkarte werden durch die Rest-100-Operation – geometrisch gesprochen – abgeschnitten und zum Nullmeridian hin verschoben (Bild 3), denn Restbildung bewirkt

aus 45 110 wird 45 010 (Verschiebung um 100° nach West),
aus 45 -110 wird 45 -010 (Verschiebung um 100° nach Ost).

Nur 10 Prozent aller Menschen leben auf der Südhalbkugel.

Da über/unter dem Äquator gefühlsmäßig klar ist und nicht gelernt werden muss, können alle unteren Weltkartenteile nach oben geklappt werden, was zahlenmäßig das vordere Minus weglässt und den Übergang von Bild 3 zu Bild 2 darstellt:

aus -10 045 wird 10 045 (Spiegelung am Äquator),
aus -45 010 wird 45 010 (Spiegelung am Äquator).

In Bild 2 klappen wir den linken Teil auf den rechten Teil und erhalten so Bild 1:

aus 10 -045 wird 10 045 (Spiegelung am Nullmeridian),
aus 45 -010 wird 45 010 (Spiegelung am Nullmeridian).

Expandieren bedeutet geometrisch von Bild 1 zu Bild 4 zu gehen, und das ist die Leistung des Gehirns beim Erinnern, die Speicherplatz spart und damit das Merken vereinfacht.

Dabei entstehen nie alle 16 theoretisch möglichen Orte auf der Weltkarte (Bild 4); beim 2-2-Rest 10'45 sind es nur zwei Plantrapeze mit verschiedenen Koordinaten:

10 045	Berbera < Somalia
45 010	Bergamo < Lombardei < Italien
	Cremona < Lombardei < Italien
	Parma < Emilia-Romagna < Italien

Deshalb ist das Expandieren nicht so schwer, wie es zunächst erscheinen mag.

Komprimieren von Jahreszahlen heißt zahlenmäßig nur die letzten beiden Ziffern zu nehmen.

Im Falle des 2-2-Restes 10'45 sind das:

Kallimachos von Kyrene	u-310:-245	→	10'45
Sandro Botticelli	1445:1510	→	45'10

Wir lassen also die Jahrhunderte weg, weil wir wissen, der Bibliothekar von Alexandria in Ägypten lebte um -300, und der Künstler Botticelli ist Renaissance, ungefähr Leonardo da Vinci, also lebte er um 1500.

Fast alle 3300 Personen des Notizbuches sind zeitlich vom -15. Jahrhundert bis 20. Jh. einzuordnen, jede Person lebte in höchstens zwei aufeinanderfolgenden Jahrhunderten, weshalb wir jede Person in der folgenden Figur in ihrem Geburts-Jahrhundert ver**ort**en können.

Deshalb passt der 2-2-Rest einer Person jedenfalls in **ein** Feld 100 × 100 Jahre (genauer: 00 bis 99).

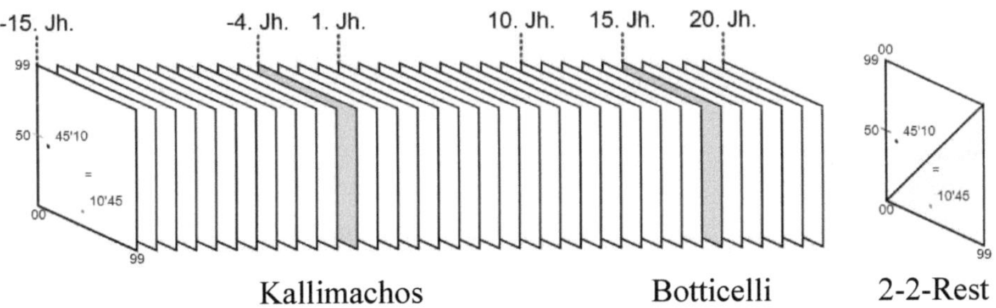

Kallimachos Botticelli 2-2-Rest

Die 3300 Personen verteilen sich jetzt auf die 35 Jahrhunderte und die 10 000 Möglichkeiten in jedem Quadrat.

In unserem Beispiel 2-2-Rest 10'45 gibt es nur zwei (!) Personen mit diesem 2-2-Rest: Kallimachos und Botticelli.

Weil 10'45 und 45'10 als gleiche[10] 2-2-Reste angesehen werden, kann man das Quadrat rechts, auf das 3300 Personen projiziert werden, nochmal halbieren (zur schattierten Serviette falten), was die Möglichkeiten für verschiedene 2-2-Reste nahezu halbiert:

Es gibt nur 5050 Möglichkeiten für verschiedene 2-2-Reste.

10 Koordinatenangaben der Erdoberfläche werden überall in der Reihenfolge Hochwert-Rechtswert angegeben, während das mathematische Koordinatensystem im Punkt P(x|y) zuerst den Rechtswert gefolgt vom Hochwert angibt. Da 10'45 = 45'10 als 2-2-Rest gleich ist, bleibt diese Verkehrtheit hier folgenlos.

Tatsächlich kommen in allen 5555 Datensätzen (Personen, Geschichte, Koordinaten) zusammen nur 1624 verschiedene 2-2-Reste vor (5555/1624 ≈ 3.4, die untere Grenze des Lernprofits: Lerne eins, erinnere 3.4).

Die **343** 2-2-Reste, die nur von einem einzigen Datensatz stammen, haben keinen Lernnutzen, also auch keinen Vermerk im Notizbuch.

Aber die anderen **1281** 2-2-Reste gehören zu mindestens 2 Datensätzen.

488 2-2-Reste haben drei oder mehr Bezüge zu Datensätzen und können über Zauberwörter zu insgesamt **1706** Datensätzen expandiert werden.

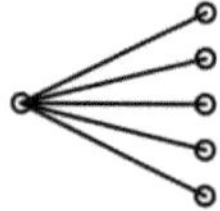

Ab drei Bezügen lohnt sich die Kompression und Expansion so, dass man wohl von fünffachem Lernprofit sprechen kann:
Lerne eins, erinnere fünf.

Das Mem (links) ist sicher fünf Mal kürzer als die Expansion (rechts):

		Bergamo < Lombardei	45 010
		Berbera < Somalia	10 045
BeBeCrePaKaBo	10'45	Cremona < Lombardei	45 010
		Parma < Emilia-Romagna	45 010
		Kallimachos von Kyrene	-310:-245
		Sandro Botticelli	1445:1510

Hunderte von Datensätzen reproduzieren zu können ist kein Pappenstiel.

Das gelingt durch merkökonomische Bildung von 500 sprechbaren Silbenkurzwörtern (S. 161), die leichter expandierbar sind als Initialwörter (ADAC[11], SALIGIA), in Verbindung mit zweistelligen Zahlen, die über das → Major-System in merkönonomische Bilder transformiert werden.

Die zusätzliche Verknüpfung mit Weltleitzahlen und optisch klarer Anordnung von Raster-Orten ist ein weiterer Beitrag zur Auslösung von Erinnerung.

---

11 Auch viele chemische Verbindungen sind in Elemente-Kurzschrift nicht sprechbar: ZrCl4, MgO, Supraleiter HgBaCaCuO, LaOFFeAs, SmFeAsOF, ...

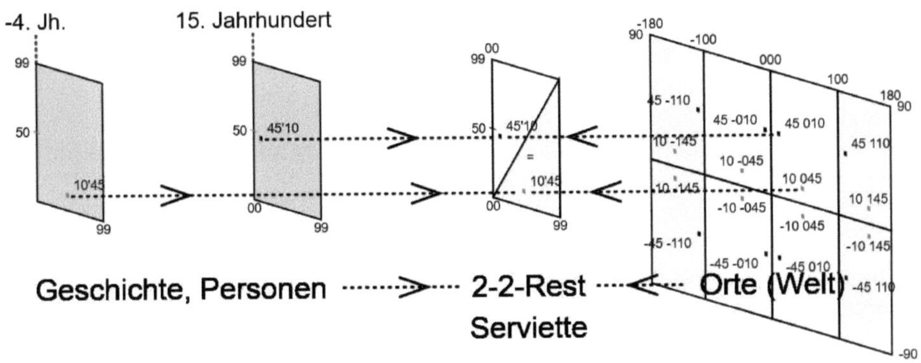

Die obige Grafik veranschaulicht, dass wir alle gespeicherten Lebenseckdaten und alle gerundeten Koordinaten von Orten über die Restbildung auf eine dreieckige "Serviette"[12] reduzieren.

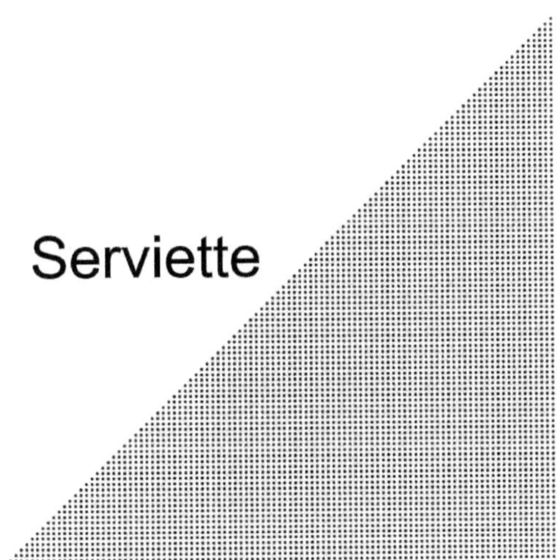

12 Der Druck (1 Seite A4) von geiring.de/nbs/Falt.pdf ermöglicht Ausschneiden und Falten der rechteckigen Weltkarte auf die 13 Mal kleinere dreieckige Serviette.

Was ohne Major-System und ohne Kompression und Expansion aussichtslos erschien, wird jetzt in Monaten geringen Aufwands von wenigen Minuten täglich erreichbar: Ich kann mir viel mehr merken.

Mein Langzeitgedächtnis nimmt Inhalte nur langsam auf, und das von vielen anderen Menschen wahrscheinlich auch.

Ich muss mich mindestens sieben Mal in Abständen von einem Tag, mehreren Tagen, Wochen, Monaten abfragen, um etwas Flüchtiges wie eine Jahreszahl abrufbar ins Langzeitgedächtnis versenkt zu haben.

Durch Verknüpfung jedoch von Orten über Weltleitzahlen und von Orten und Personendaten über 2-2-Reste hat sich mein Gedächtnis für Orte, Personen, Geschichte erheblich verbessert.

3

Textoperatoren: Handelnde Worte

In einem herkömmlichen gedruckten Buch kann kein Wort die Darstellung im Buch verändern.

Die Autorin schreibt ein Buch, es wird gedruckt und ist dann nicht mehr veränderbar.

Man kann es ergänzen durch Randnotizen, man kann Wörter oder Abschnitte streichen, man kann Seiten herausreißen, aber kein einziges Wort des Buches kann das Buch verändern.

Macht man aus dem gedruckten Buch ein E-Book, ist es zunächst einfach ein Buch, das auf einem Bildschirm lesbar ist.

Durch Klick auf ein Suchsymbol verändert sich der Bildschirm und man kann ein Suchwort eintippen, nach dem im E-Book durch einen weiteren Klick gesucht wird.

Es wird auf die nächste Seite mit dem gefundenen Wort gesprungen.

Diese Seite wird inhaltlich nicht verändert; nur das gefundene Suchwort wird hervorgehoben.

Suchen mit E-Book ist in unserem Verständnis auch deshalb kein Textoperator, weil zuerst ein Eingabefeld erzeugt werden muss und die Suche erst nach der Enter-Taste beginnt und den Text nicht verändert.

Klick auf ein Wort in unserem digitalen → Notizbuch verändert den Inhalt des Bildschirms, obwohl jeglicher Text aus einer einzigen Datei stammt.

Das Klickwort springt in das große Eingabefeld oben und alle Hauptdatensätze werden nach dem Klickwort durchsucht, ohne weitere Aktion des Lesers.

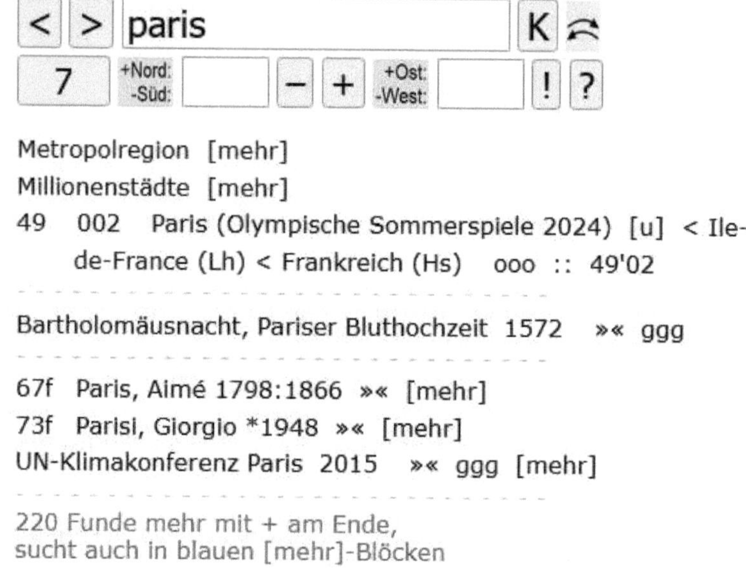

Der vorherige Bildschirm wird bis auf die beiden Eingabezeilen gelöscht und eine Liste der Datensätze erscheint, die das Klickwort enthalten:

Das Klickwort war "Paris", und die Liste enthält 7 Hauptdatensätze des Notizbuches.

+ Klick auf den Plus-Button fügt ein Pluszeichen an paris+ an. Dadurch wird die Liste um 220 Datensätze erweitert, die nicht im Hauptdatensatz, sondern in den [mehr]-Abschnitten das Wort oder den Wortanfang "Paris" enthalten.

Das machen wir jetzt wegen der Fülle der Datensätze aber nicht.

Alle schwarzen Wörter, Zahlen, Symbole in der Liste (s. Bild oben) sind wiederum klickbar und erzeugen jeweils eine neue Liste.

Wörter in Farbe Schwarz sind → Textoperatoren.

Auf [mehr] hinter "Metropolregion" geklickt listet die 50 größten Metropolregionen der Erde, zeigt in der ersten Zeile an, dass die Metropolregion Paris 12.5 Millionen Einwohner umfasst.

[mehr] von "Millionenstädte" geklickt listet 398 Millionenstädte der Erde und gibt in der ersten Zeile an, dass Paris 2.2 Millionen Einwohner hat und in Frankreich im Plantrapez [49 002] liegt.

Die Liste der Millionenstädte ist alphabetisch sortiert und kann mit einem Klick nach Einwohnern, nach Land oder nach Koordinaten sortiert werden.

"Millionenstädte" ist ein → Textoperator.

Die nächste Zeile in der vorigen Abbildung beginnt mit "49".

Geklickt springt die 49 in das Eingabefeld rechts von "+Nord, -Süd:" und erzeugt eine Liste aller 38 Orte im Breitenstreifen 49° Nord ± 0.5°.

Klick auf den grauen Button "<" ganz links oben bringt "paris" zurück in das große Eingabefeld.

Klick auf "002" vor Paris bringt die 002 in das Eingabefeld rechts von "+Ost, -West:" und erzeugt eine Liste von 14 Orten im Längenstreifen 002° ± 0.5°.

"002" ist offensichtlich ein → Textoperator.

Klick auf den grauen Button "<" ganz links oben bringt "Paris" zurück in das große Eingabefeld.

Button "<" ist ein → Textoperator.

Klick auf "Olympische" bringt dieses Wort in das große Eingabefeld und erzeugt eine Liste von 16 gewesenen oder zukünftigen Austragungsorten für die Olympischen Spiele.

Zurück zu Paris über Button "<" oder über Klick auf die Anzahl "16" der Austragungsorte.

Klick auf "(Lh)" erzeugt eine Liste von 239 Regionalen[13] Hauptstädten der Erde, unterhalb der Ebene der Hauptstädte, soweit sie in die Datensätze aufgenommen wurden, also bei weitem nicht alle.

"Lh" ist ein Textoperator (Lh wie Landeshauptstadt).

Klick auf den Größer-Button ">" verändert diesen Button zu ">>". Dadurch wird beim nächsten Klick das große Eingabefeld nicht überschrieben, sondern durch das nächste Klickwort ergänzt. In der Liste suchen Sie nach Deutschland und klicken "Deutschland".

Im großen Eingabefeld steht jetzt "Lh Deutschland" und in der folgenden Liste erscheinen alle 16 Landeshauptstädte von Deutschland.

Der Button ">>" hat sich wieder zurückverwandelt in Button ">".

Klick auf Button "+Ost: -West" löscht das letzte Wort im großen Eingabefeld, "Lh" bleibt stehen. Wir ergänzen mit (virtueller) Tastatur "Lh" zu "Lh usa".

13 In der Europäischen Union sind das die Hauptstädte der Regionen NUTS 1 (Nomenclature des unités territoriales statistiques, es gibt NUTS 0 bis NUTS 3)

Die Regionalhauptstädte von 50 US-Bundesstaaten erscheinen in einer Liste, natürlich mit Weltleitzahlen vorneweg und < Bundesstaat danach.

+Nord: -Süd: Klick auf Button "+Nord: -Süd" würde das erste Wort im großen Eingabefeld löschen und "Deutschland" würde stehen bleiben und eine Liste von 111 Datensätzen darunter.

Das machen wir jetzt aber wegen der Fülle der neu entstehenden Hauptdatensätze nicht.

Ganz klar: Button "+Nord: -Süd" und Button "+Ost: -West" sind → Textoperatoren mit dieser Funktion:

Der weiter links stehende Button löscht wortweise von links, der weiter rechts stehende Button löscht wortweise von rechts.

Die Aufdrucke auf den Buttons sagen aus, dass die leeren Eingabefelder rechts daneben nur für Koordinaten sind.

Klick auf die Anzahl "16" der angezeigten Datensätze leert das große Eingabefeld, zeigt die Liste der zuletzt geklickten Worte/Zahlen und ermöglicht mit Klick auf "paris" wieder die ursprüngliche Paris-Anzeige.

Klick auf "ggg" am Zeilenende von "Bartholomäusnacht" zeigt alle 567 Geschichtsdatensätze.

"ggg" ist ein weiterer Textoperator.

Diesen Datenwust wollen wir jetzt nicht sehen und gehen wieder zurück auf die Paris-Anzeige.

Unterhalb von "Bartholomäusnacht" steht der Datensatz

67f Paris, Aimé 1798:1866 »« [mehr]

Dabei handelt es sich offenbar um eine Person; Aimé ist 1798 geboren und 1866 gestorben.

Die Differenz 1866 - 1798 = 68 ist das höchstmögliche Alter; da wir nur die Lebenseckdaten abgespeichert haben, könnte er auch nur 67 Jahre alt geworden sein: 67f ist die ungefähre Altersangabe in Jahren und natürlich klickbar.

Klick auf [mehr] hinter Aimé schneidet die Liste auf und zeigt einen blauen [mehr]-Abschnitt mit Prosatext über den französischen Gelehrten.

Aus [mehr] ist [weni] (weniger) geworden, Klick darauf lässt den blauen, eingerückten [mehr]-Abschnitt wieder verschwinden und schließt wieder die Liste.

[mehr] ist ein → Textoperator, der Fließtexte anzeigt, die hinter Hauptdatensätzen versteckt sind, indem die Liste der Datensätze aufgespalten wird.

Da die blauen Texte Fließtexte in Umgangssprache sind, bewirkt nur das Anklicken von *kursiv* geschriebenen Wörtern eine neue Liste; Klick auf nicht geneigte Wörter wie "nach", "wird", "in", "ist", "während", "soll", "als", "der", "von", ... wirkt wie Klick auf [weni] und schließt den blauen Text wieder.

67f Paris, Aimé 1798:1866 »« [weni] --

Französischer Gelehrter, entwickelte eine *Stenografie*, nachdem er *1815* das *System* von *Samuel Taylor kennengelernt* hatte.

Er war auch *Mitentwickler* einer *Notenschrift*.

***Paris** gab* seine *Karriere* als *Anwalt* auf, um auf *Reisen* durch *Frankreich*, *Niederlande*, *Belgien* und die *Schweiz* sein *Kurzschriftsystem* zu *lehren*.

Er *publizierte* die *Bücher „Geschichte* der *Stenographie"* und *„Erfindungen* von *Aimé **Paris**"*.

*Aimé **Paris*** war der *erste*, der ein *mnemonisches Major-System* in seiner *modernen Form veröffentlichte*. [weni]

Diese blauen [mehr]-Texte können mehrere Seiten lang sein oder so knapp wie oben gezeigt.

Nach dem Lesen des blauen [mehr]-Abschnittes von Aimé Paris ist nicht nur die Assoziation mit der Stadt Paris da, sondern die Person gewinnt Kontur.

[mehr]-Abschnitte reichern nichtssagende Namen mit Sinn an, machen sie dadurch haltbarer im Gedächtnis.

Das Konzept eines vieldimensionalen, vernetzten Wissensraums – im gedruckten Buch unmöglich – wird im digitalen → Notizbuch durch → Textoperatoren ermöglicht und als neues Medium demonstriert.

Sehe ich in einem Text einen mir neuen Ortsnamen, will ich wissen, wo sich dieser Ort auf dem Globus befindet.

Die Rasterkarte befriedigt dieses Bedürfnis mit ausreichend feiner Lokalisierung: "Denver [40 -105]" ist 100 Mal genauer als "Denver < USA", denn die USA sind 100 Mal größer als das Plantrapez [40 -105].

Sehe ich in einem Text einen Personennamen wie Johann Heinrich Zedler, den ich vorher nicht kannte, will ich wissen, in welcher Personenumgebung Zedler gelebt hat, wer seine Zeitgenossen waren.

»« Dazu gibt es den Textoperator »«, der hinter jedem Personennamen hinter den Lebenseckdaten steht.

Klickt man auf »« hinter Zedler, werden alle Personen des → Notizbuches chronologisch gelistet, die Jahrzehnte vor Zedler bis Jahrzehnte nach Zedler gelebt haben, wobei Zedler ungefähr in der Mitte dieser 483 Zeilen langen Liste steht, jedoch auf dem Bildschirm angezeigt wird (nächste Seite).

Anstatt lange zu überlegen, wer wohl die Zeitgenossen von Zedler waren, sehe ich vor und nach Zedler viele bekannte Namen, die mir einen guten Eindruck von der Zeit Zedlers geben.

Da ist John Kay zu sehen, der das Weben durch seine Erfindung des Schnellschusswebstuhls so beschleunigte, dass die Garnproduktion nicht mehr hinterher kam.

87f Wesley, John 1703:1791 »«

59f Kay, John 1704:1764 »« [mehr]

74f Jaucourt, Chevalier Louis de 1704:1779 »« .. 04'79 [mehr]

Zeitlich nah oder überschneidend zu:

44f Zedler, Johann Heinrich 1706:1751 »« ::. 06'51 [mehr]

83f Franklin, Benjamin 1706:1790 »« [mehr]

46f Fielding, Henry 1707:1754 »«

70f Linné, Carl von = Carolus Linnaeus 1707:1778 »« .. 07'78 [mehr]

75f Euler, Leonhard 1707:1783 »« .. 07'83

80f Buffon, Georges-Louis Leclerc Compte de 1707:1788 »« [mehr]

Dann ist da Jaucourt, der mehr als 17 000 Artikel der Encyclopédie zur Zeit der Aufklärung geschrieben hat, der sein Haus verkauft hat, um weiter Artikel schreiben zu können.

74f Jaucourt, Chevalier Louis de 1704:1779 »« .. 04'79 [mehr]

Die längere, gestrichelte grüne Linie zeigt grafisch an, dass Jaucourt vor Zedler geboren und nach Zedler gestorben ist; Zedlers Lebenszeit ist mit dem durchgezogenen schwarzen Strich angedeutet.

Unterhalb von Zedler stehen in der Zeitgenossenliste so bekannte Namen wie Franklin, Fielding, Linné, Euler, Buffon und viele weitere.

Ohne Zahlen zu vergleichen sehe ich an der Liniengrafik, wie die Lebenszeiten (gestrichelt) der Zeitgenossen zu der Lebenszeit von Zedler (durchgezogener Strich) ungefähr stehen.

Die Zeitgenossen in der Liste müssen keine Bekannten von Zedler gewesen sein; sie können auch auf anderen Kontinenten gelebt haben.

Etwas tiefer betrachtet wurde mit den Textoperatoren ein Handlungsraum geschaffen, der sich dem einer Programmiersprache von der primitiven Wortseite annähert.

Alle Substantive, Namen, Orte, Personen, Symbole, Verben, Zahlen, die auf dem Bildschirm unterhalb der Eingabefelder erscheinen, lösen geklickt Handlungen aus, die den Bildschirm verändern.

Es sind verba agentia geworden, handelnde Worte, deren Wirkung grob vor dem Klick abgeschätzt werden kann.

Ein Klick auf eine Jahreszahl wie 1648 wird alle gespeicherten Personen, die in diesem Jahr geboren oder gestorben sind, alle geschichtlichen Epochen, die begonnen oder geendet haben, anzeigen.

Anschließender Klick auf den Plus-Button erhöht 1648 auf 1649 und zeigt die entsprechend neue Liste an.

Es ist ganz einfach mit dem → Notizbuch Resultate zu erzielen, zu steuern, was auf dem Bildschirm stehen soll.

In der Notizbuch-Sprache gibt es keine Konstrukte, mit denen Schleifen in Schleifen und andere verschachtelte Strukturen manipuliert werden können, und die Grammatik der Benutzung ist ganz einfach:

Ein größeres Eingabefeld für alles, zwei weitere kleine speziell für Koordinaten, ein Plus-Button für schrittweise Erhöhung von eingegebenen Zahlen und für die Öffnung von Fließtexten bei Namen, ein Lösch-Button, der die letzten 10 Eingaben für wiederholte Eingabe per Klick anzeigt und wenige weitere Buttons, kurz: eine simple "Sprache" für den Zeigefinger.

Mit richtigen Programmiersprachen kann man "alles" machen, aber weil es so kompliziert ist, können zu viele damit gar nichts machen.

Vor einem Biologie-Unterricht kann sich neun Jahre lang niemand drücken, ein Programmier-Unterricht ist – wenn überhaupt – ein freiwilliges Angebot während der gesamten Schulzeit, das jede und jeder jedes Jahr ablehnen kann.

"Sprache ist der Zugang zu allem", ein seit der Flüchtlingskrise 2015 häufig zu lesender Gemeinplatz, ist auch bei der Erstellung von Informationssystemen der zentrale Punkt.

Sprechen über die Sprache, Metasprache, Sprachen zur Schaffung und Steuerung von Maschinen, handelnde Sprachen, sollten einen Stammplatz in den Bildungsstandards bekommen.

Es geht nicht darum, an allgemein bildenden Schulen Informatiker auszubilden; es geht darum, vielen ein Gespür für die Komplexität, die Mächtigkeit, das Potential (und Zerstörungspotential) von Algorithmen zu vermitteln.

Für die heutige Generation wäre es wichtiger ein Grundverständnis von regelbasierten Computersprachen zu bekommen, als in natürliche Umgangssprachen wie Spansich, Französisch, Deutsch mit widersinnigen grammatischen Geschlechtern und unlernbaren, massenhaften Ausnahmen so viele Unterrichtsjahre zu investieren, wo die Kommunikation doch meist über Englisch[14] läuft, weil nur das in einem internationalen Team alle können.

Wieso müssen bis zum Abitur deutsche Muttersprachler zu 12 Jahren Deutsch-Unterricht gezwungen werden, aber nicht zu zwei Jahren Auseinandersetzung mit Sprachkonzepten[15] und Metasprache in Maschinen?

Das Substrat, auf dem wir leben, ist nicht nur die Natur und die Biosphäre, sondern in wachsendem Maße Hochtechnologie, insbesondere Informationstechnologie.

Auf Steinzeitniveau, also ohne Technologie, nur mit Natur als Substrat, hätte nur je **ein** Mensch von heute 250 Menschen in Deutschland eine Lebensmöglichkeit, weil die reine Natur ohne Kultur, ohne Technik, nicht mehr hergibt.

Heute wird Analphabeten der Zugang zum Lehrberuf verwehrt; Analgorithmiker[16] gibt es in unseren Bildungsinstitutionen in großer Zahl, obwohl Algorithmen weit mehr als 90 Prozent der Basisarbeit für die Gesellschaft leisten, obwohl der Übergang von der Schrift als Speichermedium zur Schrift als Handlungsmedium bereits stattgefunden hat.

Algorithmen machen die Gesellschaft humaner, indem Anweisungen von Vorgesetzten an Menschen zunehmend ersetzt werden durch Anweisungen an Maschinen, mit präziseren Sprachen als Umgangsdeutsch.

---

14 Der schikanöse Unterschied im Deutschen zwischen der, die, das, des, dem, den hält Millionen Menschen vom Lernen der Fremdsprache Deutsch ab; im Englischen reicht ein einziges, lernbares Wort dafür aus: "the". Die Botschaft dahinter ist: In Deutschland ist wohl alles sechs Mal komplizierter als notwendig.

15 Auch was aussieht wie gezeichnet, die Skizzen auf S. 31, S. 33 oder der fünfstöckige Sinus-Term in der Fußnote auf S. 142, ist linearer Text, also technische Sprache: sum_(n=0)^oo(-1)^n(x^(2n+1))/((2n+1)!)

16 Google meldet auf Anfrage am 04.04.2022: "Keine Ergebnisse für Analgorithmiker gefunden", für "Algorithmiker" jedoch 6020 Funde.
Es gibt in Baden-Württemberg wohl nicht genug Algorithmiker, um flächendeckend wie z. B. am Johannes-Kepler-Gymnasium in Reutlingen in Klasse 8-10 das algorithmisch orientierte Profil IMP (Informatik, Mathematik, Physik) anbieten zu können. (Die Ähnlichkeit zu "bottle imp", Flaschenkobold, ist rein zufällig.)

"How to Do Things with Words" ist der Titel eines Buches von John Langshaw Austin von 1955 als Ergebnis einer Vorlesungsreihe an der Harvard-Universität.

Darin wird analysiert, inwiefern Wortgruppen nicht nur logisch wahre oder falsche Aussagen sind, sondern Sprechakte, Handlungen, die etwas verändern, wie Eid, Beschuldigung, Drohung, Lob, Trostworte, Fragen, usw. als gesprochene Worte.

Die Idee, dass Worte Handlungen sind, ist uralt; schon in der Genesis werden handelnde Worte als göttlich beschrieben: "Und Gott sprach: Es werde Licht! Und es ward Licht." (1M1'3).

Die Idee, Worte in Form von menschlichen Beschwörungen könnten Götter[17] und Dämonen dazu bewegen, Lebensverhältnisse zu verändern, kannte man schon vor Entstehung der Bibel in den Hochkulturen von Ägypten, Mesopotamien, Persien, China, Mittelamerika.

Johannes Reuchlin geht 1494 in "De Verbo Mirifico" vom Wunder wirkenden (christlichen) Wort aus.

Um die Idee der verba agentia greifbarer (begreifbarer; tastbarer) zu machen, philosophieren wir nicht, sondern zeigen prototypisch in einem winzigen Bereich von 550 Geschichtsdaten, 1700 Orten, 3300 Personen und zugehörigen Fließtexten, was 20 000 Textoperatoren[18] bewirken können.

Beim Surfen in diesem neuen Medium → Textom[19] wird bewusst, dass das gute, bald 600 Jahre alte, gedruckte Buch, das unserer Kultur einen sensationellen Aufschwung verschafft hat, vieles eben auch nicht kann, weil es so starr ist.

---

17 Im Isis- und Mater-Magna-Heiligtum in der Mainzer Römerpassage wurden 34 Fluchtäfelchen mit Verwünschungszauber gefunden.

18 Von 260 000 anklickbaren Items im → Notizbuch sind mehr als 80 000 in mindestens einem Zeichen verschieden von allen anderen 80 000; abzüglich stammgleicher Dubletten (Kämpfe = kämpfen = kämpfte) bleiben vorsichtig geschätzt mehr als 20 000 verschiedene Textoperatoren.

19 Google kennt "Textom" am 04.04.2022 als Firmenname (textom.pl) für Wäsche, russisch und slowakisch für "Text", Bigdata Academy in Südkorea (textom.co.kr).

4

Netzwerk Gehirn

Um erfolgreich beim Lernen zu sein brauchen wir ein einfaches Modell, wie die komplexen Abläufe im Gehirn beim Merken und beim Erinnern sind.

Dieses Modell muss nur plausibel sein; wissenschaftlich[20] können wir es nicht begründen.

Das Modell soll so einfach sein, dass wir bei jeder Aktion sofort wissen, ob sie dem Erinnern förderlich ist oder nicht.

Mehrere detaillierte Modelle, wie sie Wissenschaftler entwerfen und testen, hemmen uns eher in der trainingsorientierten Praxis, als dass sie uns nützen.

Eine geringe Wissensmenge kann als Faden von zusammenhängenden Fakten angesehen werden, etwa ein Hauptdatensatz des Notizbuches:

```
-33   -070   Aconcagua (= Cerro Aconcagua, 7S, 6962 m
        Mhe) [u] < Argentinien < SüA   ooo ... 33'70
```

20 Modelle aus der Wissenschaft z. B. in Jürgen Bredenkamp: 'Lernen, Erinnern, Vergessen', München 1998, 115 S. Eine populärwissenschaftliche und reich bebilderte Darstellung bietet z. B. in Alan Baddeley: 'So denkt der Mensch. Unser Gedächtnis und wie es funktioniert', München 1986, 246 S.

Dieser Faden von zusammenhängenden Fakten besagt umgangssprachlich:

Der Berg Aconcagua ist einer der Berge der Seven Summits (7S), er ist 6962 m hoch (→ Mhe = Meereshöhe), sein Gipfel liegt im → Plantrapez [-33 -070], liegt in Argentinien, er ist ein Teil Südamerikas (SüA), einer von vielen Orten (ooo) im → Notizbuch; der Aconcagua ist einer von 3 (...) Hauptdatensätzen, die über den → 2-2-Rest 33'70 verknüpft sind.

Das war jetzt ein Faden im Geflecht.

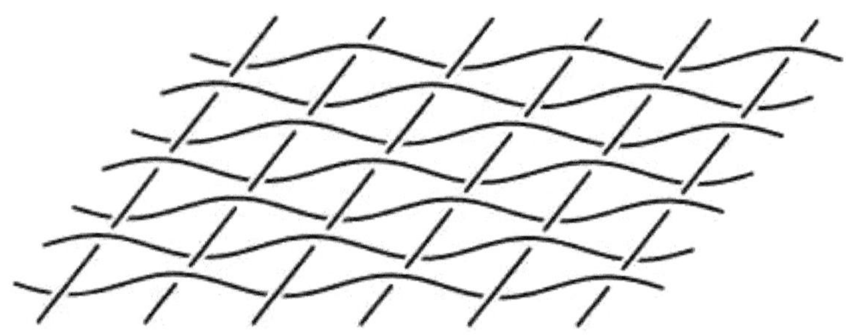

Dieses Wissen wird mit völlig anderem Wissen – im Geflecht senkrecht dazu dargestellt – verbunden, und haftet daran, ohne direkt verknotet zu sein, allein durch enges Zusammenschieben und durch "Reibung".

Dieser senkrechte Faden ist der Hauptdatensatz

> **62f August II. der Starke (Wettiner) 1670:1733 »« ...**
> **70'33 [mehr]**

Die Haftung verschafft der 2-2-Rest 70'33, und es haftet noch ein "Faden" daran, der Autor der wirkmächtigen "Bienenfabel":

> **62f Mandeville, Bernard 1670:1733 »« ... 70'33 [mehr]**

Man kann sich jetzt vorstellen, dass dieser dritte Faden senkrecht zum

Geflecht steht, also senkrecht zu beiden genannten Fäden, was wir nicht mehr gezeichnet haben.

Ein weiteres Haftelement ist das → Zauberwort **AcAuMa**, das man durch Klick auf den 2-2-Rest 70'33 zu sehen bekommt, ebenso alle drei "Fäden".

> -33 -070 Aconcagua (= Cerro Aconcagua, 7S, 6962 m Mhe) [u] < Argentinien < SüA ooo ... 33'70
>
> ---
>
> 62f August II. der Starke (Wettiner) 1670:1733 »« ... 70'33 [mehr]
>
> 62f Mandeville, Bernard 1670:1733 »« ... 70'33 [mehr]
>
> ---
>
> AcAuMa 33'70 ... mne [mehr]

Die Verbindungen im Gehirn sind natürlich viel komplizierter als in einem Textil, auch räumlich und nicht nur flächig, und mit Zigtausend "Fäden".

Aber unser einfaches Modell eines Textils verdeutlicht den Grund für die Haltbarkeit: Verknüpfung in mehrere Richtungen.

Dazu brauchten wir keine Fachbegriffe wie Synapse, Endorphin, Axon, Reizleitungssystem, spannungsaktivierter Kaliumkanal, Langzeit-Potenzierung[21].

Fakten, die wir uns merken wollen, müssen nicht sachlogisch zusammenhängen; das Gehirn kann sich die absurdesten Assoziationen am besten merken.

Beim Merken der Assoziation Ziffer → Konsonant im Major-System sind einfache Bemerkungen (S. 73, dritte Spalte) eine erstaunliche Hilfe.

---

21 Dieses Vorgehen ist nicht begründet durch Abneigung gegen Wissenschaft, sondern durch wirksame, wiederholte Anwendung von einigen alten, missachteten Regeln; das Ziel ist Gewohnheitsbildung, Training, nicht Erkenntnisgewinn. Um reich zu werden, muss man nicht Prozentrechnen können; es genügt, sehr viele Waren für 1 Euro einzukaufen und für 5 Euro (4 % teurer?) zu verkaufen.

Obwohl die einzelnen Fäden in sich fest sind, haften die senkrecht gezeichneten Fäden in der folgenden Abbildung nicht aneinander.

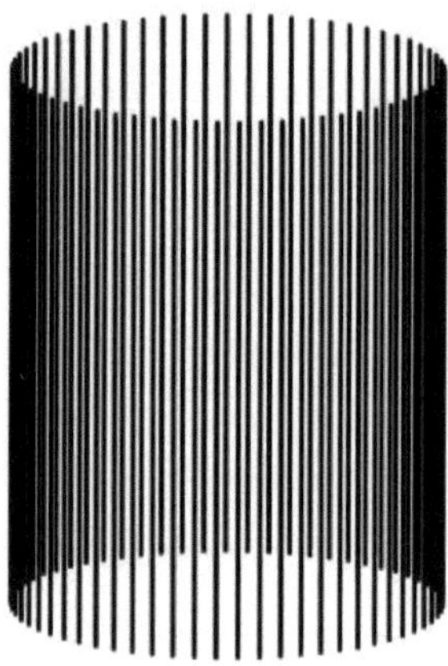

Schon wegen der Schwerkraft fallen sie in sich zusammen; es ist nicht denkbar, dass dieser Strumpf aus Fäden stabil ist, da kein Faden am anderen haftet.

Die Querfäden, die Querverbindungen fehlen völlig; die Fäden dicht an dicht zu legen reicht nicht für Stabilität.

Reißfest wird es erst, wenn zu den senkrechten auch waagrechte Fäden kommen und alle eng verflochten sind.

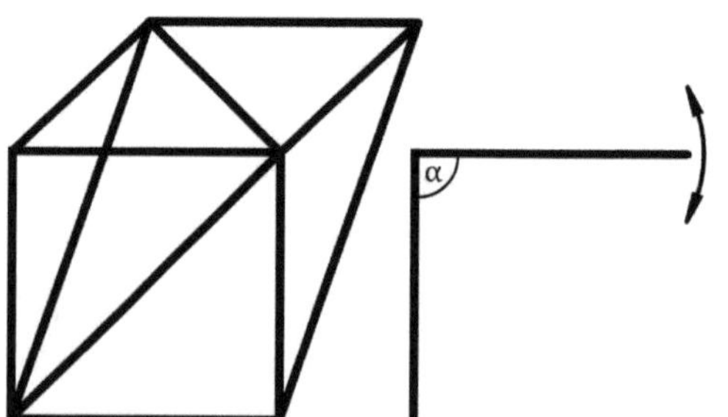

Dreidimensionale Stabilität kann anhand von Fachwerk gezeigt werden; je **drei** Balken sind so miteinander verstrebt, dass sie einem Gebäude Stabilität in jeder Richtung verleihen.

Bei nur **zwei** verbundenen Balken genügen kleine Hebelkräfte zur Zerstörung der Verbindung.

Wir versuchen mit dem → Notizbuch Wissen nicht nur dreidimensional, sondern mehrdimensional zu verstreben, um es stabiler im Gedächtnis zu machen.

Menschen können nicht einfach Daten abspeichern wie Computer.

Da ist zunächst die fundamentale Unterscheidung zwischen Arbeitsgedächtnis und Langzeitgedächtnis.

Das Arbeitsgedächtnis des Menschen hat nur Platz für 7 ± 2 (7 plusminus 2) Chunks, und die Erinnerung an seine Inhalte ist nicht dauerhaft.

Ein Chunk ist übersetzt ein Happen, ein Brocken und bedeutet hier einen Gedächtnisinhalt, z.B. "Rose", "Mount Everest", "Einstein", "-4", "19".

Wenn wir eine längliche Nummer am Telefon hören, so schaffen wir es nur die Nummer im Arbeitsgedächtnis zu behalten, indem wir sie laufend murmelnd (oder lautlos im Geiste) wiederholen:

5739216, 5739216, 5739216, 5739216, 5739216, 5739216, ...

Wenn es nun an der Haustür klingelt, und wir die laufende Wiederholung unterbrechen müssen, ist die Nummer verschwunden.

Der britische Gedächtnisforscher Alan Baddeley[22] nennt diese Wiederholung "Phonologische Schleife".

Sobald wir uns mit etwas anderem beschäftigen – das Paket an der Haustüre entgegennehmen – brechen wir die phonologische Schleife ab und das Arbeitsgedächtnis hat diese 7 Chunks (5739216) teilweise oder ganz verloren.

Jedenfalls können wir die exakte siebenstellige Nummer nicht reproduzieren.

22 A. D. Baddeley: Working memory: Looking back and looking forward. In: Nature Reviews Neuroscience. Band 4, Nr. 10, 2003, S. 829:839. doi:10.1038/nrn1201.

Ganz anders das Langzeitgedächtnis; wir vergessen nicht die Namen unserer engsten Angehörigen, Freunde und Kollegen, obwohl es mehr als sieben sind.

Wir müssen sie nicht akustisch laufend wiederholen, um sie nicht zu vergessen.

Wir wissen den Weg zum Supermarkt oder zu unserer Arbeitsstelle ohne zu überlegen, weil er abrufbar im Langzeitgedächtnis gespeichert ist.

Wenn wir eine Fremdsprache gelernt haben, also ein paar tausend Wörter, idiomatische Redewendungen und etwas Grammatik, können wir aus dem Langzeitgedächtnis heraus viele Sachverhalte beschreiben.

Von den Savants wissen wir, dass das menschliche Langzeitgedächtnis ein riesiges Fassungsvermögen haben kann.

Vom Savant Antonio Magliabechi, Bibliothekar von Cosimo II. de' Medici, ist bekannt, dass er bei Anfragen europäischer Gelehrter (z. B. Leibniz) nach der Quelle eines Zitates sofort sagen konnte, in welchem Buch auf welcher Seite das steht.

Er wohnte 24/7 in seiner Bibliothek in Florenz mit 40 000 Büchern und 10 000 Manuskripten, ging an ein Regal, zog ein Buch heraus und schlug es an der entsprechenden Seite auf.

Magliabechi hatte ein unvorstellbar gutes Gedächtnis.

Wir Normalos unterscheiden uns von Savants dadurch, dass wir zu den meisten Erinnerungen keinen Zugang haben, die Erinnerungen jedoch häufig im Gehirn vorhanden sind.

Wir können uns das Gedächtnis als ein riesiges Kellerlabyrinth mit vielen unterirdischen Stockwerken und verwinkelten Zugängen zu den Gedächtnisinhalten vorstellen, wo wir mit fortschreitender Zeit die Zugangswege nach und nach vergessen, was einem Savant nicht passiert.

Bestimmte Gerüche können uralte Erinnerungen wachrufen, zu denen wir nur durch Nachdenken keinen Zugang haben; sie sind also da, und wir wissen nichts davon, solange der Geruch nicht in unsere Nase steigt.

Mit Abrufhilfen nach misslungenem Abruf kann man nachweisen, dass zunächst nicht Abrufbares behalten wurde.[23]

Dies lässt uns hoffen, dass unser Gedächtnis doch nicht so schlecht ist, wie unsere Erfahrungen mit brutalem Lernen und schnellem Vergessen zu beweisen scheinen.

Savants haben Inselbegabungen, viele können jedoch ihren Alltag nicht ohne fremde Hilfe bewältigen, weshalb es nicht unbedingt wünschenswert ist, ein Savant zu sein.

Ich weiß nicht mehr, was ich vor genau sieben Tagen alles gemacht habe.

Es soll geschätzt 60 Menschen auf der Erde geben, die sich an jeden[24] Tag in ihrem Leben (ohne die Kinderzeit) erinnern können, was sie gegessen haben, wie das Wetter war, mit wem sie was besprochen haben, wann sie ins Bett gegangen sind, usw.

Diese Erinnerungen können erdrückend sein, wenn sie nicht kontrolliert, nicht gestoppt werden können.

Isaac Asimov, der mehr als 500 Bücher und 1600 Essays geschrieben hat, sagte einmal, er habe kein Merkproblem, sondern ein "forgettery problem"; etwas Gelesenes konnte er nicht vergessen!

Das vorliegende Buch ist nur geschrieben für Menschen wie du und ich mit alltäglichen Merkproblemen, die **nicht** auf medizinischen Ursachen beruhen.

Kurz und stark vereinfacht: Wir merken uns wahrscheinlich alles, haben jedoch nach einiger Zeit keinen Zugang mehr zu den Erinnerungen.

Anders ausgedrückt: Der Abruf ist das Problem, nicht die Speicherung.

23 Jürgen Bredenkamp: 'Lernen, Erinnern, Vergessen', München 1998, Wissen in der Beck'schen Reihe, S. 74

24 Spiegel online v. 19.11.2008 über Jill Price: 'Frau mit perfektem Gedächtnis'

Sie erkunden zu Fuß eine Stadt, in der Sie noch nie waren.

Nun wollen Sie wieder zurück in Ihr Hotel, doch der Hinweg ist völlig anders als der Rückweg in der verwinkelten Altstadt; Sie finden ohne Smartphone nicht mehr zurück.

Im Schulunterricht wird viel Wert auf den Hinweg zum Wissen gelegt; der Abruf von Wissen wird (aus strukturellen Gründen) vernachlässigt.

Wir sagen: Besser Output-Orientierung statt Input-Überlastung.

Liest man den Aufschrieb vor dem Test, vor der Klausur durch, kann man ihn dennoch nicht abrufen ohne in den Aufschrieb zu schauen.

Alles, was man x-mal gelesen hat, kommt einem bekannt vor, aber man kann fast keine Frage zum Stoff ohne den Aufschrieb oder das Lehrbuch beantworten.

Wenn ein Aufschrieb eine Sammlung von (aufeinander aufbauenden) Fakten ist, fehlt jedes Mal die Frage, und die Antwort steht schon im Skript.

Man hat nicht die Möglichkeit, die Frage ohne die Antwort zu sehen, weil das Skript nur aus einem Haufen von Antworten besteht:

Fakt, Fakt, Fakt, ...

Wiederholen im Sinne von nochmal Durchlesen ist unproduktiv, weil es der Hinweg ist.

→ Wieder-holen im Sinne von "wieder aus dem Gedächtnis holen", ist der Rückweg, also der richtige Weg, um Abruf aus dem Gedächtnis zu üben.

Ein Skript müsste so gestaltet sein, dass auf einer Seite die Frage steht: "Wie heißt der Inhalt der Wurzel in der Mathematik?"

Und auf der umzuwendenden Seite erst die Antwort: "Radikand".

In einem Skript steht jedoch auf einer Seite: "Der gesamte Inhalt der Wurzel heißt Radikand", und auf derselben Seite folgen viele weitere Fakten.

Dadurch wird verhindert, dass man sich selbst abfragen kann, was der Inhalt der Wurzel ist.

Man würde sehr viel Papier verschwenden, wenn man von einem Lerngebiet für jede Frage eine rechte Seite verwenden würde und den zugehörigen Fakt auf der umzublätternden[25] nächsten Seite stehen hätte, damit man ihn nicht zusammen mit der Frage sieht.

Sobald man Frage & Antwort zusammen sieht, kann man die Antwort nicht aus dem Gedächtnis holen, denn das Auge ist erstaunlich gierig und verhindert den aufwändigeren Abruf aus dem Langzeitgedächtnis.

Lesen verhindert Lernen, wenn Lesen das → Wieder-holen aus dem Langzeitgedächtnis verhindert.

Durch die Verwechslung von Arbeitsgedächtnis und Langzeitgedächtnis entsteht eine **Wissensillusion**:

Wir glauben, momentanes Wissen sei auch später abrufbar.

An der Behaltenskurve von Ebbinghaus (S. 13) sehen wir, wie schnell das zusammenhanglose Wissen abnimmt.

Wenn wir einen neuen Begriff hören, wie Mikrowellkarton, Homo-Mensura-Satz oder Binnenmajuskel, dann können wir ihn minutenlang abrufen, er ist jedoch nicht in unserem Langzeitgedächtnis gespeichert.

Eine Woche später fällt mir keiner dieser drei Begriffe mehr ein.

Momentanes Wissen, durch Lesen oder Hören, ist nur im Arbeitsgedächtnis, das sehr schnell wieder vollständig und unwiderruflich überschrieben wird.

Wegen der Wissensillusion verlieren wir mit der Zeit unweigerlich unser

25 Um weniger Papier zu verschwenden kann man Frage und Antwort während des Unterrichts auf einen Falzkartenblock (Gebrauchsmuster 20 2014 002 620 beim Deutschen Patentamt München) zum Abreißen schreiben um teilverdeckt zu lernen, jedoch kommt das digitale Tablet ganz ohne Papier aus, wenn man Frage und Antwort zeilengetrennt und mit Stoppzeichen in eine Notizen-App tippt.

momentanes Wissen, bemerken das aber nicht, weil wir dieses Wissen im Moment nicht brauchen.

Wenn eine Lehrkraft in einer Klasse eine Frage stellt, dann kann höchstens eine Schülerin oder ein Schüler die Antwort geben.

Wer nicht aufgerufen wird, bemüht sich oft auch gar nicht, Informationen aus dem Langzeitgedächtnis zu holen.

Es gibt keinen Abruf: vertane (Schul-)Zeit; denn man lernt nur durch Abruf, nicht durch Input.

Ein Tag ohne Abruf aus dem Langzeitgedächtnis ist bezogen auf das Lernen ein verlorener Tag.

Belehren (gleich Input, vom Lernenden aus gesehen) funktioniert nicht; nur selbst lernen, selbst abfragen, funktioniert.

Und das heißt, die zu merkende Information muss an verschiedenen Tagen aus dem Langzeitgedächtnis geholt werden.

Das folgende Diagramm zeigt nach oben das behaltene Wissen an, nach rechts die verflossene Zeit.

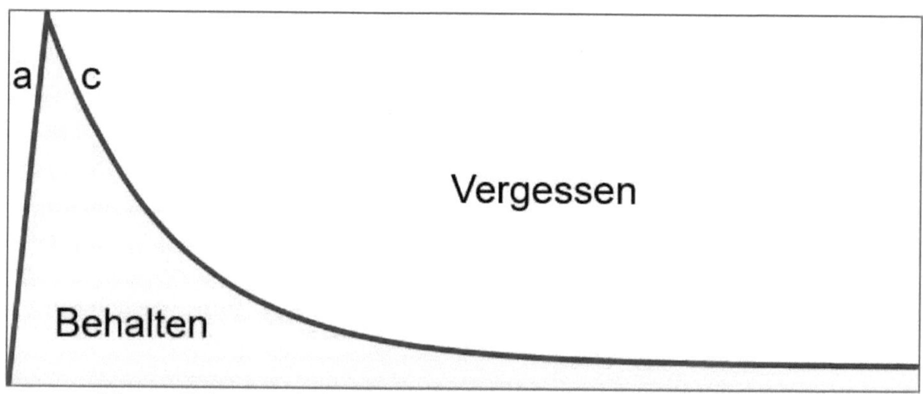

a: Neues Wissen wird aufgenommen, es ist zu 100 Prozent da.
Behalten: Behaltenes Wissen im Zeitverlauf
c: Wissen baut sich schnell (Details S. 13) ab, wenn Zeit vergeht.

Vergessen: Vergessenes Wissen im Zeitverlauf

Nächste Abbildung (Zackenkurve):

d: Wieder holen am folgenden Tag aus dem Langzeitgedächtnis mit anschließender Korrektur oder Hilfe des Mediums (Mitschrieb, Fachbuch, Tablet, ...) bringt den vergessenen Anteil zurück und steigert das Wissen wieder auf 100 Prozent.

e: Erneuter Abfall des Wissens ist nicht mehr so stark wie in **c** .

f: Wieder holen aus dem Langzeitgedächtnis mit Korrektur oder Hilfe des Mediums bringt wieder volles Wissen.

g: Nach ein paar Tagen ist wieder ein Teil vergessen.

h: Es braucht nur wenig Hilfe des Mediums, um auf 100 Prozent Wissen zu kommen.

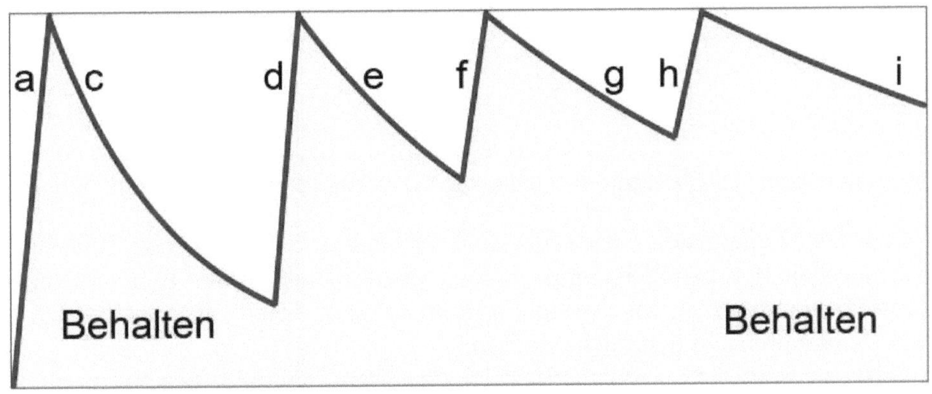

i: Die Behalte-Linie fällt immer langsamer ab, je öfter Wissen in länger werdenden Abständen aus dem Langzeitgedächtnis geholt wird; Wissen stabilisiert sich, bei vielen Lerninhalten genügen sieben Wieder-holungen im Abstand von Stunden, Tag, Tagen, Woche, Wochen, Monat.

Die Information kurz vor dem Abruf zu lesen bedeutet, sie nicht aus dem Langzeitgedächtnis abzurufen, sie nicht dauerhaft zu wissen, der Wissens-illusion zu erliegen.

Selbstabfrage geht nur mit Medien, die Antworten von Fragen zunächst verdeckt halten.

Die Rasterkarten des → Notizbuches enthalten auch deshalb nur Anfangsbuchstaben von Orten, damit man schon beim Betrachten des Rasters aufgefordert ist, die Ortsnamen aus dem Langzeitgedächtnis zu ergänzen.

Klick auf einen Anfangsbuchstaben zeigt sofort unter der Rasterkarte, welche Orte im betreffenden Plantrapez "versteckt" sind, wodurch man eine Kontrolle für seinen eigenen Abruf hat.

Da hilft das digitale Medium Tablet, weil es den Lernstoff anders anordnen kann als die Handschrift auf Papier, nämlich teilversteckt, damit Abruf aus dem Langzeitgedächtnis überhaupt möglich ist.

Vermutlich gibt es in jedem Chemiesaal dieser Erde ein plakatives Periodensystem der 118 Elemente der Materie, die inzwischen alle benannt sind.

Und jedes aushängende Periodensystem verhindert, dass Lernende Teile davon aus dem Langzeitgedächtnis holen, obwohl viele dieser Elemente mit ihren Ordnungszahlen im Physikunterricht (z. B. Kernphysik) und häufiger im Chemieunterricht gebraucht werden.

Das PSE (Periodensystem der Elemente) ist für unsere materielle Welt so wichtig wie das Alphabet für unsere Welt des Geistes und der Kultur.

Die Weltepoche **vor** dem PSE ist grundverschieden von der Epoche **mit** dem PSE, in der wir leben.

Selbstverständlich sollten Lehrkräfte nicht dafür verwendet werden, dass Lerndende das (oder Teile des) PSE auswendig lernen; das können Maschinen übernehmen.

Man sollte auch von Lernenden nicht verlangen, das PSE auswendig zu können, aber man sollte in Bildungsinstitutionen eine Möglichkeit anbieten, wie man es sich aneigenen kann, was zunächst aussichtslos scheint.

Was wären wir ohne Buchstaben-Alphabet?

Was wäre unsere Welt ohne PSE, ohne all die Kenntnisse um die Elemente?

Gibt man in das digitale → Notizbuch "pse" ein, erscheint

Periodensystem der Elemente (PSE) [mehr]

Klick auf [mehr] öffnet eine blaue Liste der 118 Elemente, die so beginnt:

Ordnungszahl	Symbol	*Elementname*
[*Sort0*⇅]	[*Sort1*⇅]	[*Sort2*⇅]
[*Frag0*]	[*Frag1*]	[*Frag2*]

001	H	*Wasserstoff*
002	He	*Helium*
003	Li	*Lithium*
004	Be	*Beryllium*
005	B	*Bor*
006	C	*Kohlenstoff*

In dieser Anordnung ist Lernen nahezu aussichtslos.

Klickt man zwei Mal oder öfter auf [Frag2], wird die nummerisch geordnete Liste zufällig durcheinandergewirbelt und jede Tabellenzeile wird in drei Zeilen aufgesplittet, z. B. so:

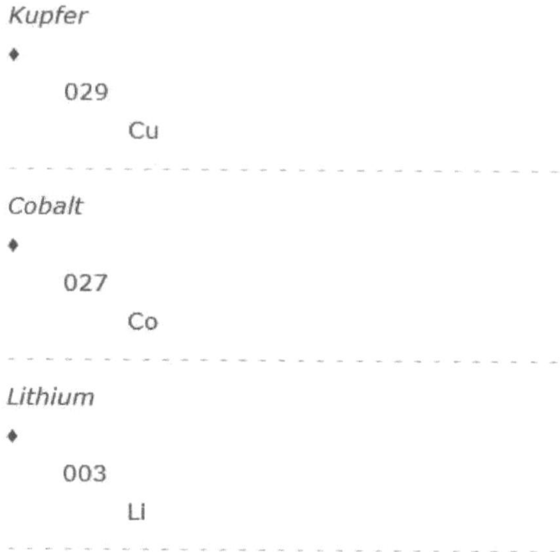

Auf dem Tablet ist es möglich, die Lernliste so weit nach unten zu schieben, dass nur Kupfer und Raute sichtbar sind:

Kupfer

♦

Nun kann "Kupfer" als Frage aufgefasst werden nach der Nummer von Kupfer im Periodensystem und als Frage nach der Abkürzung von Kupfer im PSE.

Da man die Antwort nicht sieht, kann man in Eigenzeit versuchen, diese Antwort wieder aus dem Langzeitgedächtnis zu holen (wieder-holen).

Hat man eine Antwort oder keine, schiebt man die Lerntabelle etwas weiter nach oben und sieht

Kupfer

♦

029

Man hat jetzt eine Teilantwort: Die Ordnungszahl von Kupfer im PSE ist 29.

Jetzt überlegt man sich, wie das Wort Kupfer international, also universell abgekürzt wird.

Man ruft diese Abkürzung aus dem Langzeitgedächtnis ab oder weiß sie nicht.

Dann schiebt man die Lerntabelle wieder etwas nach oben und sieht die Antwort (und gleichzeitig die nächste zufällige Frage):

Kupfer

♦

029

Cu

- -

Cobalt

♦

Indem man durch stückweises Schieben der Lerntabelle nach oben immer den Rückweg des Wissens aus dem Langzeitgedächtnis wählt und niemals den Vorwärtsweg in das Labyrinth des Wissens, wird der Abruf geübt und nicht das Einspeichern.

Das macht man in Eigenzeit, ohne Lehrkraft, so schnell oder so langsam wie man kann, nicht wie jemand fordert.

Auf diese Weise macht Lernen richtig Spaß.

Es fördert das Gefühl der Selbstwirksamkeit, wenn man sein Wissen langsam und kontinuierlich erweitert.

Die rote Raute dient als Stoppzeichen beim Schieben des Lernstoffes:

Stopp! Hier beginnt die Antwort; die sollte zuerst aus dem Langzeitgedächtnis geholt werden; erst nach dem Abruf-Versuch weiterschieben.

Ein weiterer Klick auf [Frag2] oben in der Lernliste bringt die Elemente in eine andere zufällige Reihenfolge, wieder aufgesplittet in abfragbare drei Zeilen.

Aufgrund der lange zurückliegenden Werdung des Menschen in zahlenloser Urzeit sind wir keineswegs befähigt uns spezielle Zahlen zu merken.

In der Steinzeit genügte die Zahlenmenge **{ eins, zwei, drei, vier, viele }**; in einer Weltgesellschaft kommen wir damit nicht aus.

Leichter als die Ordnungszahl zu merken ist es, die Element-Abkürzung zu kennen, weil sie oft etwas mit dem Langnamen des Elementes zu tun hat; anstatt K steht eben C, anstatt S wie Sauerstoff steht eben O wie Oxygen, weil das internationaler ist.

Ordnungszahlen der 118 Elemente per stupidem Büffeln zu lernen ist grausam; das darf man niemand zumuten.

Aber für ein- und zweistellige Zahlen gibt es seit Aimé Paris das Major-System, das Zahlen durch Bilder ersetzt, die viel leichter erinnerbar sind.

29, 32, 94, 47, 56 sind Jacke wie Hose, gleich farblos, gleich konturlos, bedeutungslos, unmerkbar, unlernbar.

Aus der Schule, am Abend vor dem Test, kennt man das Gefühl, dass jetzt nichts mehr ins Gedächtnis hineinpasst:

Das Fass läuft gleich über.

Das Arbeitsgedächtnis[26] ist in der Tat ein sehr kleiner Behälter; das Langzeitgedächtnis ist zwar groß, das Einlagern jedoch lässt sich einfach nicht beschleunigen.

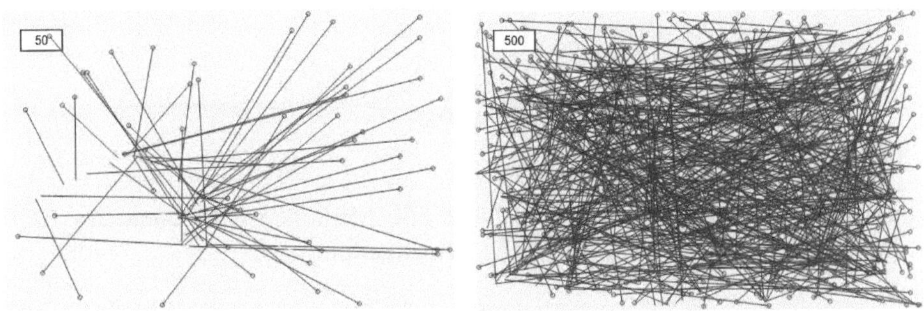

Das linke Bild zeigt 50 Zufallsprozesse, die in der Ebene Wissensspuren (Linien unterschiedlicher Länge und Richtung) in einem Modell des Langzeitgedächtnisses erzeugen sollen.

Das rechte Bild, in einer Animation durch wilde Mausbewegungen erzeugt, zeigt 500 Wissensspuren, die viel dichter sind als links, deshalb auch besser zusammenhängend aussehen.

Je mehr Wissen schon vorhanden ist, desto mehr neues Wissen kann an vorhandenes angeknüpft werden.

Das Langzeitgedächtnis ist keinesfalls mit einem überlaufenden Fass vergleichbar.

Es dauert, bis diese Wissensspuren materialisiert sind, das geht nicht in ein paar Stunden vor der Klausur.

Je weniger Wissen vorhanden ist, desto leichter kann es zerfallen: Die Verbindungen im linken Bild sehen nicht stabil aus.

---

26 Wissenschaftlich gibt es noch mehrere Gedächtnisarten, Unterschiede von Arbeitsgedächtnis und Kurzzeitgedächtnis beispielsweise, die uns aber beim Vermeiden von Wissensillusionen nicht helfen.

Die Kenntnis des Periodensystems der Elemente ist keine Platzverschwendung im Gehirn; man kann eine Menge anderer Inhalte daran aufhängen.

Es wird leichter, Neues zu lernen, wenn schon viele Anknüpfungspunkte vorhanden sind.

Die Weltbevölkerung hat von geschätzt 500 Millionen Menschen um 1650 auf das Sechzehnfache im Jahr 2022 stark zugenommen.

Millionen Menschen fahren täglich zum Arbeiten nach New York hinein und abends wieder heraus; ohne elektrische U-Bahn – nur mit Bus und PKW – würde das gar nicht gehen.

Bei solchen Menschenmengen werden Zahlen zur Steuerung des Wachstums von Straßen, Hochhäusern, Verkehr, Arbeitswelt immer wichtiger.

Umgang mit großen Zahlen und Mathematik, die Strukturen erkennt, ist für immer mehr Menschen alltägliche Beschäftigung.

In der Mnemotechnik[27] (Gedächtnistechnik) hat seit der Antike eine Verschiebung[28] von Bildern und Orten zu Bildern und Zahlen stattgefunden.

1634 gab es den ersten Mnemo-Code für Zahlen von Petrus Herigonus, 1825 veröffentlichte Aimé Paris einen Zifferncode für Zahlen, der phonetisch orientiert war (an Lauten statt an Buchstaben, f = ph), der heute noch vielfach genutzt wird und unter dem Namen "Major-System" auf vielen Internetseiten dargestellt wird.

---

27 Ulrich Voigt gibt in 'Esels Welt. Mnemotechnik zwischen Simonides und Harry Lorayne', Hamburg 2001, 269 Seiten, eine kenntnisreiche historische Darstellung der Mnemotechnik und bietet umfassende theoretische Erwägungen für (noch zu entwickelnde) mnemonische Systeme, viel universeller als unsere spezielle, konkrete Praxis hier.

28 Helga Hajdu: 'Das mnemotechnische Schrifttum des Mittelalters, Leipzig 1936, Nachdruck Amsterdam 1967, S. 134

Jeder Ziffer wird ein Konsonant fest zugeordnet, jeder zweistelligen Zahl also zwei Konsonanten, die mit Vokalen zu leicht merkbaren Worten (Bildern) aufgefüllt werden.

Obwohl ich als junger Mensch nahezu wöchentlich in einer Bibliothek war, hat das Major-System leider erst sehr spät meinen Weg gekreuzt; es hätte mir viel Frustration und Zeit erspart, das früher kennenzulernen.

Doch von diesem genialen Zifferncode mehr im nächsten Kapitel.

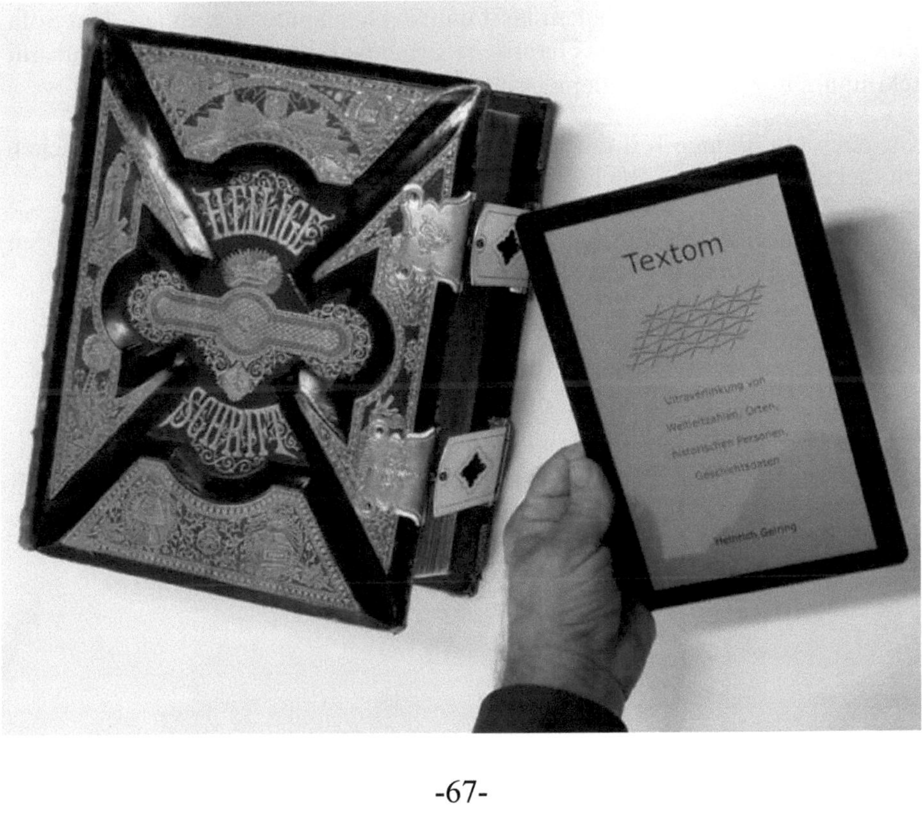

Ein Buch aufschlagen heißt eigentlich so auf den Frontdeckel zu schlagen, dass die Metallschließen rechts herunterfallen; mit Nachschlagen im Internet hat das nichts mehr zu tun.

Das 10 cm dicke Buch, das aussieht wie ein Frühdruck aus dem 16. Jahrhundert, ist eine lutherische Prachtausgabe der "Illustrierte Familien=Bibel für das amerikanisch=deutsche Volk", gedruckt 1904 in Philadelphia [40 -075].

Es enthält neben 866 Seiten Bibeltext enzyklopädisches Begleitmaterial von Ägypten, Zweistromland und Palästina, Flora und Fauna, Städte und Gebäude, Götter und Apostel, Verzeichnisse und Tabellen auf 325 Seiten, reich bebildert mit farbigen Zeichnungen, Kupferstichen und Schwarzweißfotos der Apostel-Skulpturen von Thorvaldsen.

Das Buch mit Holzdeckeln in Ledereinband und Goldschnitt ist mit 5700 Gramm zwölf Mal so schwer wie der kleinere Tabletcomputer daneben, der sich leicht mit einer Hand halten lässt und so entspanntes Lesen auf dem Sofa ermöglicht, während man das haptische Erlebnis mit dem alten Buch nur mit gekrümmtem Rücken an einem Tisch sitzend genießen kann.

Nur noch ein kleiner Teil der gesamten Lesezeit wird von jungen Menschen mit dicken, gedruckten Büchern verbracht.

Die Welt jenseits der natürlichen Reichweite ihrer fünf Sinne gelangt bei den Digital Natives über digitale Medien in das Netzwerk Gehirn.

5

Selbstabfrage, nicht ohne Major-System

Die gegenseitige Lage von Städten auf dem Globus können wir umgangssprachlich nur sehr umständlich ausdrücken und schon gar nicht über diese Beschreibung verinnerlichen.

Zu diesem Zweck sind → Weltleitzahlen bestens geeignet.

Aber viele Zahlen mit vielen Bedeutungen zu versehen und sie noch zu erinnern erscheint sehr schwer bis aussichtslos und damit sinnlos.

In psychologischen Versuchen wurden Menschen zunächst 100 Bilder am Bildschirm gezeigt, die sie sich einprägen sollten.

Danach wurden ihnen 10 000 Bilder am Bildschirm gezeigt und sie sollten diejenigen anklicken, die mit einem der 100 "gelernten" Bilder übereinstimmen.

Die Erfolgsrate lag bei vielen Menschen nahe bei 100 Prozent; viele Menschen können sich Zahlen kaum merken, viele Bilder jedoch sehr gut.

Das Major-System leistet die Übersetzung von Zahlen in Bilder und zurück; mit diesem System kann man sich Zahlen leicht merken.

Lebenseckdaten sind Geburtsjahr und Sterbejahr einer Person, ohne Monat und ohne Tag, also zwei Jahreszahlen, verknüpft durch Doppelpunkt.

Die Lebenseckdaten von Cäsar, Shakespeare und Einstein sind

Cäsar	-100:-44
Shakespeare	1564:1616
Einstein	1879:1955

Den Doppelpunkt lesen wir als "bis".

Da uns historische Personen seit dem Alten Ägypten bis in unser Jahrhundert interessieren, können wir "bis" nicht mit einem Minuszeichen ausdrücken.

Jahreszahlen vor Christi Geburt markieren wir kurz mit "-" Minus, keinesfalls mit dem traditionellen "vor Christus", weil das selbst abgekürzt "v. Chr." noch viel zu lang ist.

Bei Cäsar und Einstein würde die traditionelle Notation so aussehen:

Cäsar	100-44 v. Chr.
Einstein	1879-1955

Das Minus vor 1955 wäre ein Plus, das Minus vor 44 wäre ein Minus, das fehlende Minus vor 100 wäre ein Minus: absurd!

Wir wählen das "bis"-Symbol des Tabellenkalkulationsprogramms "Excel", den Bereichsoperator, und das ist der ":" Doppelpunkt, denn die sonst in der Technik bei negativen Zahlen üblichen drei Punkte ... werden zusammen mit .. ... :: ::. ::: anderweitig (→ Glossar S. 130) als Metazeichen verwendet.

Es geht mit unserer konsequenten Jahreszahlennotation nicht darum, Zahlen vor unserer Zeitrechnung exakt auszudrücken, sondern **kurz** auszudrücken, weil das Gedächtnis für kurze Inhalte besser ist als für lange.

Negative Jahreszahlen sind schon deshalb nicht exakt, weil es historisch ein Jahr Null nicht gab.

Diese Jahre folgten damals direkt aufeinander: -2 -1 1 2 3 ...

Auf dem Thermometer gibt es selbstverständlich Null Grad zwischen Minusgraden und positiven Graden.

Wenn wir die Lebenseckdaten von Aristoteles mit

Aristoteles -384:-322

angeben, haben wir uns um ein Jahr (das fehlende Jahr Null) vertan.

Von heute aus gesehen liegt das mehr als 2300 Jahre zurück; ein Jahr von 2300 Jahren ist weniger als ein halbes Promille, also vernachlässigbar.

Außerdem war bis Jahr -154 der 1. März Jahresanfang, und das verworrene Jahr -46 hatte im Zuge der Kalenderreform Cäsars 445 Tage.

Uns geht es in allen Angaben niemals um Exaktheit, sondern immer um die Größenordnung, um Orientierung, bei Jahreszahlen genauso wie bei → Weltleitzahlen.

London liegt nicht vollständig im Plantrapez [52 000], sondern das Zentrum von London.

Wenn ich beim Hören des Wortes London automatisch [52 000] mithöre, ordne ich damit diese Weltstadt in meine innere Weltkarte an der richtigen Stelle ein.

Sucht ein Schüler in Google Maps durch Zoomen Manchester, weiß er vielleicht anschließend die Richtung London-Manchester; er weiß aber nicht, ob Manchester oder Hamburg südlicher liegt, ob Manchester oder Barcelona westlicher liegt.

Das ist der große Nachteil der digitalen Zoomerei: Zoomen produziert Matsch im Gehirn, weil festliegende Orte (Millionenstädte) zu schwimmen beginnen und durcheinander geraten.

Kein Mensch weiß, wann Ramses II. geboren ist; es gibt keine Geburtsurkunde von Ramses.

Man kann lediglich über mehrere Stufen versuchen zurückzurechnen, wann er ungefähr regiert haben muss, wobei verschiedene Archäologen zu verschiedenen Ergebnissen kommen können.

Deshalb ist die Angabe im → Notizbuch

Ramses II. regierte -1279:-1213

schon überexakt und dient nur dazu Ramses grob chronologisch einordnen zu können.

"Ramses lebte in vorschristlicher Zeit" ist mir zu grob, weil man dann nicht vergleichen kann mit der Lebenszeit von Hatschepsut, Tutanchamun, Nofretete, Echnaton, Imhotep, Ptolemäus, Thales, Hammurabi, Assurbanipal und anderen.

Das → Notizbuch liefert keine verlässlichen, exakten Fakten sondern kompaktes Orientierungswissen.

Geografische Koordinaten auf 10 Stellen nach dem Dezimalpunkt anzugeben ist Präzisionswahn, denn es geht da in der letzten Stelle um Bruchteile von Millimeter, die zugehörigen Objekte jedoch sind größer als 10 Meter.

Präzsisionswahn verhindert Orientierungswissen.

Der genaue Geburts**tag** von Einstein ist 365 Mal unwichtiger als sein Geburts**jahr**, um Einstein chronologisch innerlich einordnen zu können.

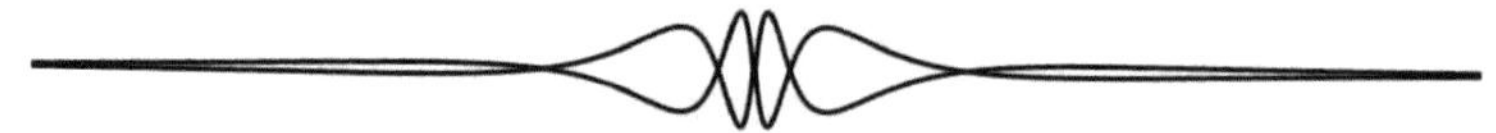

Wer eine Vorstellung der Geschichte der Naturwissenschaften haben möchte, kümmere sich eher um die Lebenseckdaten (nur Jahre) vieler Wissenschaftler als um das genaue Geburtsdatum einer dieser Personen.

Lebenseckdaten von Forschern zu kennen ist praktisch für das Erkennen der Epoche, in der Naturgesetze entdeckt oder Verfahren entwickelt wurden.

Innerhalb 14 Tagen lernt man mit etwas Zeitaufwand das Major-System für zweistellige Zahlen und merkt sich dann hinterher jahrzehntelang mit wenig Zeitaufwand solche konturlosen Zahlen.

Der einzuprägende Zifferncode des Major-Systems lautet:

Ziffer	Konsonant (gesprochen)	Bemerkung (aus Wikipedia)
0	s, ss, ß, z, c (wenn = s)	z wie zero (französischer Ursprung)
1	t, th, d	t ähnlich 1
2	n	n hat 2 Beine
3	m	m hat 3 Beine
4	r	r wie vier
5	l (klein-L)	IIIL (Symbol-Hand mit 5 Fingern)
6	ch, sch, j (wenn = dsch)	se **ch** s
7	k, ck, g, c (wenn = k)	**G** lü **ck** szahl 7
8	f, ph, v, w	*f* = 8 = f handschriftlich
9	p, b	lautlich p ≈ b, 9 = b um 180° gedreht

Zweistellige Zahlen werden nun zunächst in Konsonanten der obigen Tabelle übersetzt und dann so mit Vokalen aufgefüllt, dass Wörter und damit Bilder entstehen.

25	**n L**	**Nil**
32	**m n**	**Mann**
40	**r s**	**Rose Reis Riese Russe**
41	**r t**	**Ratte**
49	**r p**	**Raupe Rabe Rippe**

"H" ist im Französischen meist stimmlos, gehört damit zu den Vokalen im Sinne des phonetischen Zifferncodes, "h" hat keine Ziffernbedeutung.

Doppel-n wird wie **ein** n gesprochen, ist damit **ein** Konsonant im Sinne des Zifferncodes.

Es ist erstaunlich, wie die lächerlichen Bemerkungen in der 3. Spalte der obigen Tabelle helfen sich den Zifferncode in kurzer Zeit fest einzuprägen.

Wenn man das Major-System lernen will, stellt man sich zunächst in ein, zwei Tagen mit Sorgfalt ein **persönliches** Major-System her, weil das lebenslang halten soll.

Dazu geht man ins Internet und sucht mit "Major-System" Tabellen mit möglichst vielen Wörtern pro zweistelliger Zahl.

Wir haben oben nur vier Wörter zur Auswahl für die Zahl 40 gestellt, im Internet gibt es noch viel mehr:

40	**r s**	**R**o**s**e	**R**ei**s**	**R**ie**s**e	**R**u**ss**e

Dann wählt man das Wort aus, das einem am schnellsten bei Nennung der Zahl 40 einfällt und macht es dadurch zu seinem persönlichen Major-Code.

Das macht man für die 100 Zahlen von 00 bis 99.

Dann hat man sein privates, persönliches Major-System.

Je gegenständlicher die Worte sind, umso leichter kann man die zugehörigen Bilder erinnern; "Liebe", "Neid", "Gen", alle abstrakten Begriffe sind keine guten Wörter (Bilder) für das Major-System.

"Tisch" ist ein gutes Wort für die Zahl "16", weil man nicht "Tisch" sagen kann ohne sich einen Tisch vorzustellen.

Jetzt geht es darum, dieses private System so einzuüben, dass bei der

Nennung einer einstelligen oder zweistelligen Zahl sofort das zugehörige Bild (z.B. "Rose" beim Sehen von "40") einfällt.

Im Notizbuch habe ich eine Funktion programmiert[29], die dieses Üben leicht macht.

Man tippt "majors" in das große Eingabefeld ein und es erscheint eine Zufallsliste von 110 Zahlen in Zeilen zu je 5 ein- oder zweistelligen Zahlen.

Die geht man zeilenweise durch und sagt anstatt jeder Zahlenzeile laut ihre fünf Bilder, die im Notizbuch nicht dabeistehen:

79	**24**	**93**	**10**	**12**
Kappe	**Narr**	**Baum**	**Tasse**	**Tanne**

In Ihrem persönlichen Major-System mögen das andere Bilder sein.

Wichtig ist nur, dass Sie innerhalb einer Woche immer wieder diese reine Zahlenliste (S. 168) herholen und möglichst viel davon durchhecheln.

Verdeckt daneben haben Sie Ihr persönliches Major-System liegen, um immer weniger Zuordnungen Zahl → Bild nachschauen zu müssen.

Nach spätestens 14 Tagen seit Projektbeginn können Sie alle Zahlenzeilen als Bilderzeilen so schnell sprechen wie Zahlen.

Bei jedem Klick auf "majors" (am Anfang der Zahlenliste) wird die Zahlenreihe mit neuer zufälliger Folge aufgebaut.

Sie haben also quasi unendlich viele verschiedene Übungsmöglichkeiten, weil die Zahlen durchgewirbelt werden.

Das bietet kein gedrucktes Buch, wogegen das digitale → Notizbuch das

29 In Großbritannien ist das eine Programmieraufgabe für Grundschüler; eine Umfrage auf einem deutschen Marktplatz würde wohl ergeben, dass mehr als 90 von 100 Personen keinen Plan für ein solches Programm hätten.

automatisch und ohne Papierverschwendung durch die Eingabe eines einzigen Wortes produziert: majors.

Nach einiger Zeit erzeugt das Lesen von zweistelligen Zahlen unwillkürlich die zugehörigen Bilder im Kopf.

Sie sehen oder hören "64", und Sie sehen automatisch eine "Schere".

Sie sehen oder hören "65", und Sie sehen unwillkürlich eine "Schule".

64 und 65 liegen eng beieinander, sind kaum unterscheidbar; Schere und Schule sind dagegen sehr verschieden.

Und genau das macht den riesigen Nutzen des Major-Systems aus.

Zahlen sind für Sie nicht mehr "Schall und Rauch", sondern wohlunterschiedene Gegenstände/Lebewesen aus unserer Umwelt:

Tisch, Kanne, Theke, Nil, Scheibe, Baum, Ratte, Lasso, Fisch, Fahne, usw.

Ihre Person passt nun besser in die heutige Zeit, in der Zahlen eine immer größer werdende Rolle spielen.

Sie haben jetzt eine Hunderter-Garderobe, an der Sie 100 beliebige Gedächtnisinhalte (Chunks) aufhängen können.

Jetzt ist es z. B. nicht mehr schwer, das Periodensystem, das Alphabet der Materie, (in Teilen) auswendig zu lernen.

Sie hängen die Elemente (Spalte 3) an Ihre persönliche Garderobe (Spalte 1 und 2):

Garderobe		**Elemente**
20	Nase	Calcium
21	Natter	Scandium

22	Nonne	Titan
23	Naomi	Vanadium
24	Narr	Chrom
25	Nil	Mangan
26	Nische	Eisen
...		

Die Zuordnung Zahl → Bild müssen Sie nicht mehr lernen, weil über die Ziffern und den simplen Code (S. 73) sofort die Konsonanten klar sind:

20	→	ns	→	Nase
21	→	nt	→	Natter
22	→	nn	→	Nonne
...				

Das ist viel leichter (bei verinnerlichtem Major-System) als sich direkt zu merken:

20	Calcium
21	Scandium
22	Titan
23	Vanadium
24	Chrom
25	Mangan
26	Eisen
...	...

Ein wichtiger Nebeneffekt ist, dass Sie die Elemente wahllos aus den Zahlen erinnern können, weil Sie zu jeder Haken-Nummer sofort das zugehörige Bild nennen können:

19	→	tb	→	Taube	→	Kalium
92	→	bn	→	Bahn	→	Uran
25	→	nl	→	Nil	→	Mangan
23	→	nm	→	Naomi	→	Vanadium

Sie haben nun ein mentales System, das Ihnen ermöglicht, ganze Listen statt einzelne Dinge zu lernen und zu erinnern, unabhängig von der Reihenfolge in der Liste.

Jemand will wissen, was das 77. Element des Periodensystems ist, fängt an im Internet zu suchen, und Sie sagen: "Iridium[30], was sonst!?".

Die direkte Verbindung 92 → Uran ist viel schwächer als die Verbindung Bahn → Uran.

Das sind zwei Bilder, die zu einer Episode mit Reim werden: Uran transportiert man mit der Bahn.

Und der Übergang Bahn → 92 ist automatisiert und kann nicht schieflaufen, weil B = 9 ist und n = 2.

Ihre Garderobe können Sie nicht nur einmal verwenden; sie funktioniert auch bei mehreren völlig anderen Ranglisten oder nummerierten Listen, dieselbe Garderobe!

Sie warten am Bahngleis auf einen Zug, der Verspätung hat.

Was tun in dieser nutzlosen Zeit? Sie wieder-holen das Periodensystem oder was immer Sie sich an Listen angeeignet haben aus Ihrem Gedächtnis.

Bei jeder → Wieder-Holung wird der Abruf besser gebahnt.

Durch den Abruf aus dem Gedächtnis merken Sie auch, welche Elemente aus der Liste Sie noch nicht abrufen können.

Die schlagen Sie nach, und übermorgen beim nächsten Abruf sind Sie besser.

---

30 Iridium-Telefone werden Satellitentelefone genannt, die Telefonieren selbst oben vom K2 oder vom Südpol ermöglichen, da ursprünglich 77 Satelliten für dieses weltumspannende System vorgesehen waren.

Keine Lehrkraft rügt Sie, wenn es bei dieser Selbstabfrage hakt.

Niemand merkt, dass Sie Selbstabfrage betreiben; alles kann lautlos geschehen, zu Gelegenheiten, wo Sie kein Smartphone benützen können.

Ihre mentale Stärke wächst durch diese Rekursion von Tag zu Tag.

Rekursion ist nicht Gleichstand, nicht auf der Stelle treten, sondern Fortschritt[31], weil bei jedem erneuten Durchlauf etwas geringfügig besser wird.

Mit dem Major-System gelingt es, die Gedächtnisspanne für Ziffern zu verdoppeln: Anstatt der 10 Chunks 9192631770 merkt man sich die folgenden 5 Chunks in 5 Major-Bildern: Bett-Bahn-Schaum-Theke-Käse, woraus sich leicht eine Episode bilden lässt.

Weil der Schlafwagen (Bett-Bahn, 91 92) bei einer Nachtfahrt zur Hannover Messe CeBIT mit Schaum (63) geflutet wurde (absurdes Zeug), ging ich in den Speisewagen (Tatsache) und aß an der Theke (17) einen Käse (70); eine Episode aus meinem Leben.

9 192 631 770 Schwingungen macht eine Atomuhr, bevor sie um eine Sekunde weitergeschaltet wird, eine der sieben universellen Konstanten, die ich mir ohne Major-System nicht merken konnte.

Mit einer Ungenauigkeit von einer Tausendstel Sekunde der Uhren in den 24 Satelliten wären Navigationssysteme 300 km ungenau und damit nutzlos.

Selbst mit nur einer Millionstel Sekunde Ungenauigkeit der Atomuhren könnten Navis nur plusminus 300 Meter genau sein.

Schüler berichten nach mündlichen Prüfungen häufig, sie hätten Antworten

31 "Wenn wir statt vom Fortschritt besser von Rekursionen sprechen, ..." Friedrich A. Kittler: 'Im Kielwasser der Odyssee', Essay aus 'Die Wahrheit der technischen Welt', hrsg. von Hans Ulrich Gumbrecht, 2.2014, S. 360

nicht gewusst, die ihnen zuhause, vor und nach der Prüfung, sofort eingefallen sind.

Beim Lernen speichern wir die Umgebung, in der wir lernen, mit ab, und Erinnern in der gleichen Umgebung ist deshalb leichter.

Um in anderer Umgebung erinnern zu können, ist es notwendig, das Gelernte in möglichst vielen anderen Umgebungen abzufragen, zu anderen Tageszeiten, bei anderer Stimmung, damit man vom **Umgebungs-Effekt**[32] unabhängig wird.

Manche Kandidaten im beliebten[33] Fernsehquiz "Gefragt – gejagt" blicken während der an sie gerichteten Fragen von Herrn Bommes in der Schnellraterunde keineswegs in sein freundliches Gesicht, sondern tunnelmäßig in eine Ecke, um Störeffekte der ungewohnten, neuen Umgebung zu reduzieren oder um sich mental an den Lernort zu versetzen.

Der eigene Erregungszustand im Fernsehstudio oder im Examen unter Anwesenheit einer Prüfungskommission von drei Personen ist völlig anders als bei der Selbstabfrage zuhause auf dem Sofa.

Um in solchen Extremsituationen gute Ergebnisse zu bekommen, sollte der Abruf [34] zuvor oft gebahnt sein.

---

32 Alan Baddeley hat das wissenschaftlich nachgewiesen und überzeugend mit Unterwasser-Versuchen dargestellt auf S. 118 in "So denkt der Mensch", a.a.O.

33 Mehr als 600 Episoden à 45 Minuten der Quizsendung wurden bis Anfang 2022 erstellt.

34 In simulierten neuronalen Netzen kommt der Abruf nur zustande, wenn die Summe von einzelnen Nervenimpulsen einen Schwellenwert überschreitet. Deshalb kann auch ein kleiner Beitrag, der vom Umgebungsimpuls kommt/fehlt, den Schwellenwert des Ausgabeneurons über-/unterschreiten, was zu Abruf/ Blockade führt. Auf S. 74ff in Andreas Zell: 'Simulation neuronaler Netze', 1994, München 3.2000, 624 S., werden Schwellenwerte ausführlich diskutiert. Entscheidungen in Lebewesen werden nicht so sehr durch Logik als durch Über-/Unterschreitung von Schwellenwerten (Aggression/Flucht) bestimmt.

6

Relative Lage (ohne Major-System)

Abgesehen von der für 2024 geplanten Wanderung der Hauptstadt Jakarta 1200 km Richtung Insel Borneo[35], bewegen sich Städte nicht stark, die Koordinaten ihrer Zentren bleiben relativ fest innerhalb von einmal festgestellten → Plantrapezen.

Diese Weltleitzahlen von Plantrapezen zu kennen ist lang anhaltendes Wissen, während sich Einwohnerzahlen von Ländern täglich ändern durch Geburten, Todesfälle, Flucht, Migration.

Von bekannten Städten auf dem Globus haben wir über die Lage eine falsche Vorstellung.

New York City liegt in Nordamerika, also "muss" New York ziemlich nördlich liegen, sonst wäre es ja in Südamerika; das ist gewiss eine kindliche Vorstellung aufgrund mündlicher Ortsinformationen.

35 Da bereits 40 Prozent von Jakarta [-06 107] unterhalb des Meeresspiegels liegen und dieser Anteil wegen Grundwasserentnahme zunimmt, steigt die Überschwemmungsgefahr, und die Stadtverwaltung hat den Umzug in die Nähe von Balikpapan [-01 117] auf Borneo vorgesehen.

Lassen Sie von Bekannten (ohne Hilfsmittel) eine Stadt in Europa nennen, die etwa gleich weit nördlich liegt wie New York City.

Nur wenige wissen, dass New York so südlich wie Barcelona und Neapel liegt, also im gleichen Breitenstreifen 41° Nord ± 0.5°.

Es führt auch zu manchem Staunen, dass Santiago de Chile weiter im Osten als New York City liegt, obwohl es von Santiago de Chile keine 100 km bis zum Pazifik sind.

Wie verschroben doch manche unserer Vorstellungen von der Welt sind!

Mit Weltleitzahlen korrigieren sich solche grundfalschen Vorstellungen von selbst:

New York City	41	-074
Santiago de Chile	-33	-071

Auch von vielen anderen der rund 130 Städte, die in Wetterkarten von CNN, BBC und anderen Fernsehsendern erscheinen, liegen wir bei Schätzungen oft weit neben den richtigen ganzzahligen Koordinaten, die wir Weltleitzahlen nennen.

Eine Umgebung von Brüssel ("B" violett) sieht auf unserer vereinfachten Rasterkarte so aus:

```
·  ·  ·  ·  ·
·  ·  R  A  N
C  O  B  L  A
A  ·  C  S  L
P  M  R  V  N
```

In Nord-Süd-Richtung stehen da, ergänzt um ihre Weltleitzahlen:

R	Rotterdam	52 004
B	Brüssel	51 004
C	Charleroi	50 004
R	Reims	49 004

Anstatt sich die Weltleitzahlen für jede Stadt einzeln zu merken, macht es Sinn sich nur das Zentrum Brüssel zu merken und von Rotterdam nur zu wissen:

Rotterdam liegt ein Rasterpunkt nördlich von Brüssel •↑• ↑

"Ein Punkt nördlich" ist bei weitem weniger zu merkende Information als **52 004**, weil "ein Punkt nördlich" auch ein Bild ist, das auf einen Pfeil aufwärts reduziert werden kann.

Man wähle also die weit auseinander liegenden "Wetterstädte" (Eingabe ins → Notizbuch) aus, lerne deren Weltleitzahlen mit Klicks auf [Frag2] auswendig und merke sich viele andere nicht mit den absoluten, den Weltleitzahlen, sondern mit Punktsprüngen vom Zentrum aus.

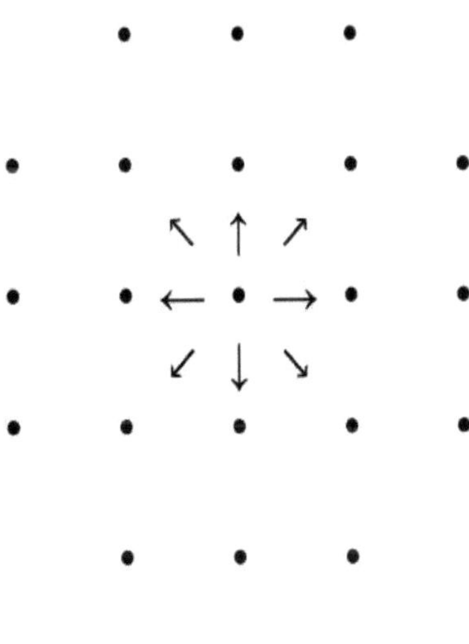

Dazu ist es nützlich, eine kompakte Notation für Richtungen zu haben.

Anstatt "NO" für Nordost wählen wir das kürzere Zeichen ↗, denn bei der Breite 60° von Oslo zeigt exakt Nordost nicht auf den nächsten schrägen Punkt in der Rasterkarte, sondern ins Leere darunter.

Bei 60° Breite ist der Abstand zweier benachbarter Längengrade halb so groß wie der Abstand zweier benachbarter Breitengrade.

Von Brüssel nach Paris geht es zwei Punkte diagonal, kurz:

B ↙↙ P .

Das ist bildlich leichter zu merken als nummerisch

49 002 Paris.

Die trotz Verdopplung der Pfeile übrig bleibenden schrägen Richtungen sind Rösselsprünge, wie man sie aus dem Schachspiel kennt.

Von Brüssel nach Luxemburg ist es ein → Rösselsprung: 2 Punkte nach rechts, ein Punkt nach unten.

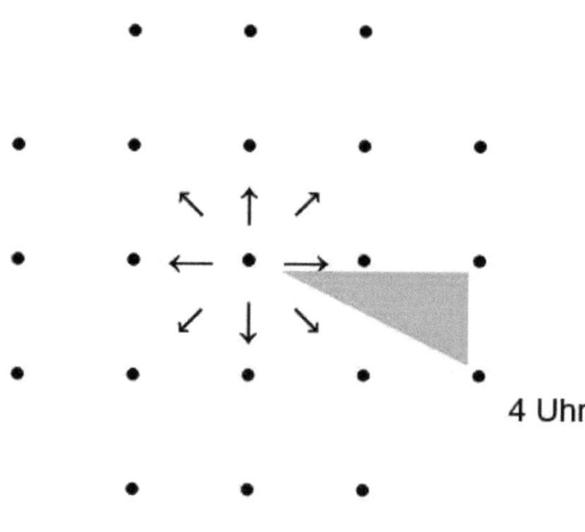

Sich die Weltleitzahlen von Brüssel zu merken **plus** die von Luxemburg ist Luxus, denn sie können über den Rösselsprung leicht errechnet werden:

B	Brüssel	51 004	
L	Luxemburg	50 006	(51 - 1 004 + 2)

Diese acht noch nicht beschrifteten, außen liegenden Punkte, die wir relativ vom Zentrum aus erreichen wollen, liegen ungefähr in Richtung der "schrägen" Stunden 1, 2, 4, 5, 7, 8, 10, 11 auf einer analogen Uhr.

"Von Brüssel Rösselsprung auf 4 Uhr ergibt Luxemburg", lautet kurz:

B 4 L

Wenn man schon weiß:

B Brüssel 51 004,

dann ist B 4 L viel weniger Merkinformation[36] als

50 006 Luxemburg.

Wir bezeichnen deshalb zur knappen Symbolisierung die schrägen Rösselsprünge mit Stunden auf der Analoguhr, zusätzlich zu diesen acht Punkt-zu-Punkt-Richtungen: ↑ ↗ → ↘ ↓ ↙ ← ↖.

Brüssel 4 Luxemburg	B 4 L
Brüssel →→ Aachen:	B →→ A
Brüssel ↙↙ Paris:	B ↙↙ P

36 Die Weltleitzahlen [50 006] tragen effektiv ca. 13 bit Information. Eine der 24 gleich wahrscheinlichen, knapp notierbaren Lagen im Raster 5 × 5 Punkte vom Zentrum aus trägt die Information ld 24 bit ≈ 4.6 bit, also 64 % weniger.

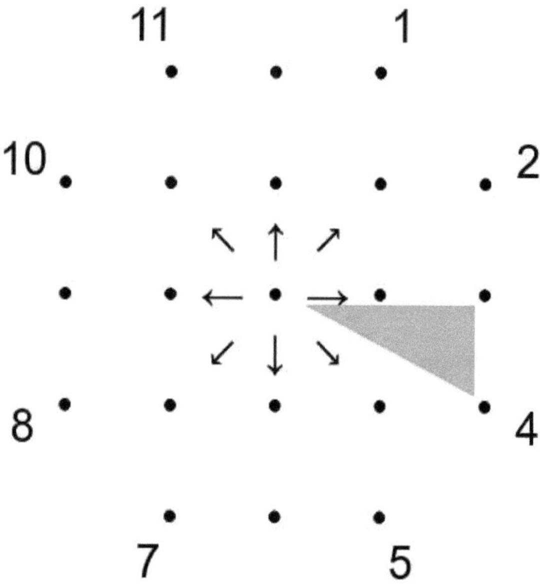

Das mit den 16 Richtungen scheint zunächst etwas aufwendig, ist aber wegen der klaren Richtungen im Punktraster

senkrecht,
waagrecht,
diagonal,
Rösselsprung

nach hundert Weltleitzahlenpaaren im Kopf oft die einfachere Methode, sich die Lage[37] von weiteren Orten einzuprägen.

Die Weltleitzahlen von Siena weiß ich nur, weil Siena ein Rasterpunkt südlich von Florenz [44 011] liegt (im Richtungsformalismus: F ↓ S).

37 Offenbar orientieren sich Ratten auch an einfachen Rastern. Die Entdeckung der "grid cells", Zellen im Gehirn von Nagern, die gleichseitige Dreiecke bilden, hat zum Nobelpreis Physiologie 2014 für das Ehepaar May-Britt und Edvard Moser geführt. https://www.ncbi.nlm.nih.gov/pmc/articles/PMC4087187/

Die horizontalen Städte bei Siena in der Rasterkarte sind leicht zu merken: ESPA (klingt italienisch wie Vespa ohne V):

```
G P F R A
  E S P A
A     R L .
```

Also weiß ich mit wenig Rechnung, ohne zu lernen:

Elba	43 010
Siena	43 011
Perugia	43 012
Assisi	43 013

Rom [42 012] habe ich wieder absolut gelernt, kann also ohne zu überlegen sagen, in welchem Plantrapez die Weltstadt Rom liegt.

R ↖ S führt auch von Rom auf Siena zur Bestätigung von Siena [43 011].

Die obere Zeile: G muss Genua sein, P = Pisa, F = Florenz, R = Ravenna, A = Ancona.

Über Addition/Subtraktion von 1 und 2 (Rechnen Grundschul-Klasse 1) erhalte ich aus Florenz die anderen Weltleitzahlen ohne zu lernen:

Genua	44 009
Pisa	44 010
Florenz	44 011 (Schnapszahlen)
Ravenna	44 012
Ancona	44 013

Hier zeigt sich, dass die Simonides von Keos (u-530) zugeschriebene

Entdeckung, wonach Wissen an Orte geheftet werden kann (Loci-Methode), um es leicht wieder abzurufen, auch bei Zahlen ungemein nützlich sein kann.

Koordinaten lassen sich auch über Ketten von Rösselsprüngen errechnen:

T 2 G 2 M 2 N 2 M

Tarragona 2 Girona 2 Marseille 2 Nizza 2 Mailand

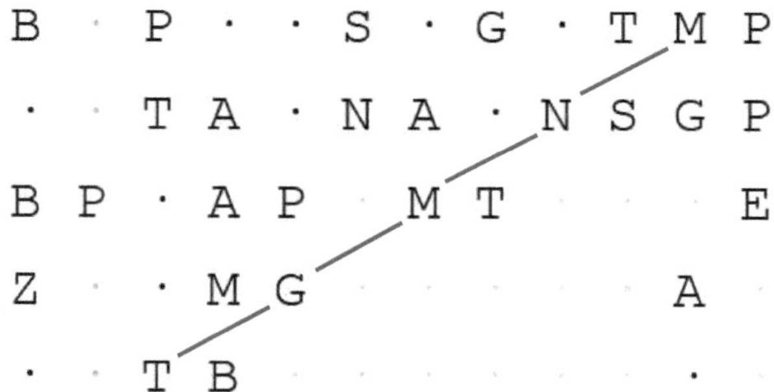

Das sind lauter 2-Uhr-Rösselsprünge ab Tarragona [41 001] bis Mailand [45 009] oder, wenn man die Weltleitzahlen von Mailand kennt, rückwärts:

M 8 N 8 M 8 G 8 T .

Es ist nicht wichtig, auf einen Schlag viele Städte mit Weltleitzahlenpaaren auf dem Globus lokalisieren zu können; es ist wichtig eine Methode zu haben, mit der dieses Wissen sukzessive vermehrt und stabilisiert werden kann, damit kein Matsch im Gehirn entsteht.

Dann hat man eine klare Vorstellung der Lage von weit entfernten Orten auf dem Globus.

Im Unterschied zu Postleitzahlen enthalten Weltleitzahlen Entfernungsinformationen; von Isny [48 010] nach Tunis [37 010] sind es schätzungsweise (48 - 37) × 110 km = 11 × 110 km =1210 km, was extrem genau ist.

7

Der PC: Webstuhl für menschliches Wissen

Wir wollen hier den Computer nicht so sehr als Außengedächtnis nutzen, um Daten nicht erinnern zu müssen, sondern als Werkzeug, um bestimmte Daten leichter erinnern zu können.

Bei den Lebenseckdaten bemerkenswerter Personen wie Martin Luther oder Ludwig XIV. ist wirklich schwer zu merken nur der Hunderter-Rest der Jahreszahlen.

Der PC[38] kann helfen verschiedene Datensätze mit dem gleichen "harten Brocken" zusammenzuweben, was das Lern-Volumen erheblich reduziert.

Für das Merken des Jahrhunderts braucht man keine besondere Methode, das hat man im Gefühl, nachdem man sich mit diesen Personen befasst hat.

---

38 PC = Personal Computer. Ich erinnere mich, 1987 an der alten Stadtmauer von Isny geunkt zu haben, dass es in jedem Haushalt in Deutschland einen Computer geben würde, was unter meinen Kollegen für schallendes Gelächter sorgte, denn für den teuren IBM PC gab es damals noch nicht viele private Anwendungen. Weihnachten 1990 wurde die erste Webseite http://info.cern.ch/ auf Berners-Lees Rechner in Betrieb genommen und führte dann binnen kurzer Zeit zu dem, was wir heute Internet nennen und in fast jeden Haushalt reicht.

Außerdem liegen Geburtsjahr und Todesjahr praktisch immer im gleichen Jahrhundert oder in zwei aufeinander folgenden Jahrhunderten.

Schwieriger zu merken – der harte Brocken – ist also nur der 2-2-Rest der Lebenseckdaten.

Name	Lebenseckdaten		2-2-Rest
Luther	14**83**:15**46**	→	**83'46**
Ludwig XIV.	16**38**:17**15**	→	**38'15**

Um ökonomisch zu arbeiten, lernt man alle Personen (und Orte) mit gleichem 2-2-Rest zusammen, weil man dann nur **einen** harten Brocken hat.

Im Falle von Luther sind das vier Personen, die der Computer mit dem Zauberwort HaLuViKey zusammengebunden hat:

Name	Lebenseckdaten	Mem
Hannibal	-2**46**:-1**83**	**HaLuViKey 83'46**
Luther	14**83**:15**46**	
Vitoria	14**83**:15**46**	
Keynes	18**83**:19**46**	

Im Major-System hat man für **83** ein persönliches Bild und für **46** auch.

Das Mem **HaLuViKey 83'46** ist damit eine starke Kompression der Namen und Lebenseckdaten und kann leicht zum vollen Wortlaut mit Vornamen und Jahreszahlen expandiert werden.

Von Hannibal weiß man aus dem Geschichtsunterricht, dass der mit seinen Elefanten um 200 v. Chr. von Spanien über die Alpenausläufer nach Italien gezogen ist.

Folglich hat er laut 2-2-Rest von -246 bis -183 gelebt.

Luthers Thesenanschlag war 1517 (aus dem Religionsunterricht), also hat Martin Luther (mit dem Wissen 2-2-Rest = 83'46) von 1483 bis 1546 gelebt.

Francisco de Vitoria war Naturrechtslehrer und Begründer der Schule von Salamanca; es reicht zu wissen: Lebenseckdaten gleich wie Luther, um zu rekonstruieren, dass Vitoria 1483 bis 1546 gelebt hat.

Der Ökonom John Maynard Keynes hat bei den Friedensverhandlungen nach dem Ersten Weltkrieg (aus dem Geschichtsunterricht) mitgewirkt, muss wegen 2-2-Rest 83'46 also von 1883 bis 1946 gelebt haben.

Das alles liest man mit geringer Allgemeinbildung aus dem Mem

Der absolutistische Herrscher Ludwig XIV. bildet mit drei Orten und einer weiteren Person das fünfsilbige ::. Zauberwort ÄtCaShiLuMa:

Name	Daten	Mem
Ätna	**38 015**	**ÄtCaShiLuMa 38'15**
Catania	**38 015**	
Shijiazhuang	**38 115**	
Ludwig XIV.	16**38**:17**15**	
Malebranche	16**38**:17**15**	

Die Gleichheit des 2-2-Restes **38'15** von Ätna und Ludwig XIV. erzeugt die Vorstellung, der Sonnenkönig werde auf einer Sänfte die Hänge des Ätna emporgetragen, um das Naturschauspiel eines Vulkanausbruchs aus der Nähe betrachten zu können.

Wie in antiker Mnemotechnik weisen wir damit Ludwig XIV. neben seinem Palast in Versailles einen festen Ort zu, den wir bereits aus der Rasterkarte kennen.

Durch diese Vernetzung von Person und Ort lässt sich der 2-2-Rest leichter merken; im Modell Textil (Grafik S. 50, 94, Titelseite) sind es zwei senkrecht zueinander liegende Fäden.

Der französische Philosoph Malebranche ist ein exakter Zeitgenosse (Geburts- und Sterbejahr stimmen überein), weshalb wir seine Daten nicht lernen müssen und dennoch kennen.

Suche ich in Wikipedia nach Shijiazhuang, wird mir nach Eintippen dieses schrecklichen Namens eine kleine Karte gezeigt mit ganz China und einem roten dicken Punkt, bezeichnet mit Shijiazhuang, jedoch keine weitere Stadt, nicht Peking, nicht Shanghai, nicht Wuhan, nicht Hongkong, kein weiterer Ort.

Damit kann ich diese Millionenstadt nicht in meine innere Karte integrieren; wenn die äußere Karte weg ist, weiß ich nur noch: Shijiazhuang liegt weiter östlich und weiter nördlich als die Mitte von China.

Es hat also nichts Dauerhaftes gebracht, diese Stadt in Wikipedia zu suchen, die Stadt verschwimmt.

Mit dem Notizbuch jedoch erfahre ich, dass Shijiazhuang im Breitenstreifen des von mir besuchten Ätna ist und runde 100 Grad östlich davon liegt.

Das erfahre ich mit einem Klick auf den 2-2-Rest 38'15 und Klick auf [u] hinter dem gelisteten Namen Shijiazhuang.

Die Rasterkarte mit Zentrum Shijiazhuang zeigt mir die Anfangsbuchstaben von 16 weiteren Städen von China; ich erkenne das "B" einen Rösselsprung über "S" von Shijiazhuang als "Beijing".

Da ich von der wichtiger werdenden Weltstadt Peking natürlich die absoluten Weltleitzahlen [40 116] gelernt habe, weiß ich – ohne zu lernen – die Weltleitzahlen der Millionenstadt Shijiazhuang, weil ich optisch sehe, sie liegt einen 7-Uhr-Rösselsprung von Peking entfernt.

Und all diese Informationen ziehe ich aus dem Mem

ÄtCaShiLuMa 38'15

und aus Klicks auf 38'15 und [u] hinter dem erscheinenden Shijiazhuang, ohne das Tippen fremder Namen.

Dass der 2-2-Rest von ÄtCaShiLuMa **38'15** ist, weiß ich, weil ich

Palermo [38 013]

über meine Bilder des Major-Systems (**Mafia** = **38**, **Team** = **13**) die Weltleitzahlen von Palermo eingängig empfinde und der Ätna zwei Rasterpunkte östlich von Palermo liegt (P → → Ä).

Nur weil ich mir vorstelle, dass Ludwig XIV. den Ätnakrater bestaunt, kenne ich seine Lebenseckdaten 1638:1715.

So lange, wie der geherrscht hat, kann er nicht 1715:1738 gelebt haben.

Das alles macht keine Lern-Kopfschmerzen, sondern ist einfach nur lustig.

In den obigen Beispielen haben wir mehrere Arten von Verbindungen hergestellt:

horizontal über die gleichen Breitengrad,
vertikal über den gleichen Längengrad,
chronologisch über gleiche Jahre im Jahrhundert,
vermittelt durch den gleichen 2-2-Rest.

Seit mindestens 32 000 Jahren wissen Menschen, dass haltbare Textilien schon entstehen, indem man Schussfäden rechtwinklig über/unter Kettfäden legt.

Nur durch enges Zusammenschieben der Fäden – nicht durch Verknotung – entstehen feste Gewebe, die uns seit Jahrtausenden vor Kälte und Hitze schützen.

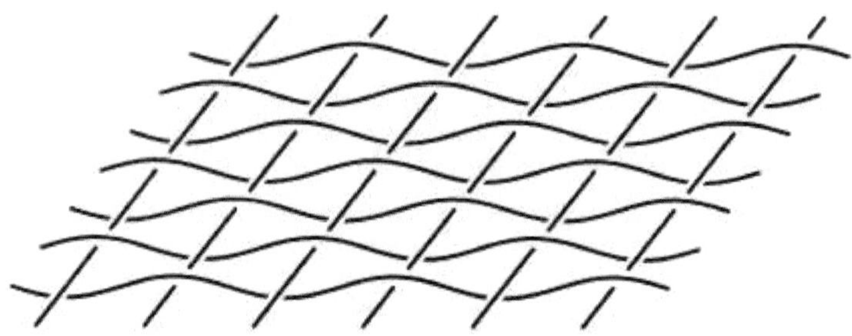

Ähnliches wie in Textilien üblich versuchen wir in Texten durch Zusammenfügen geeigneter Textfäden horizontal und vertikal.

Wie die Fäden im Textil nur durch Reibung fest aneinander haften, so haften Namen von Orten und Personen durch gleiche Wortanfänge und Silben im Zauberwort aneinander oder durch gleiche 2-2-Reste; sie sind nicht verknotet.

Ludwig XIV. haftet am Ätna nur durch den gleichen 2-2-Rest 38'15.

Dieses Herausfinden von gleichen 2-2-Resten möchte ich nicht von Hand gemacht haben; da leistet der Computer unersetzbare Hilfe als Webstuhl für lernbares Wissen.

Der PC reduziert im Notizbuch 5200 Datensätze auf lediglich 1281 2-2-Reste, von denen jeder mindestens zwei Datensätze verbindet.

Das Mem **HeiStuPo 09'49** sagt, dass Edgar Allan **Poe** mnemotechnisch mit **Hei**delberg und **Stu**ttgart verbunden ist:

Heidelberg	**49 009**
Stuttgart	**49 009**
Poe	18**09**:18**49**

PePiVi 41'78 besagt: In der "Penn" mitten in Pennsylvania befinden sich die Studenten Francisco Pizarro und Antonio Vivaldi:

Pennsylvania State University	**41** -0**78**
Pizarro	14**78**:15**41**
Vivaldi	16**78**:17**41**

Natürlich stimmt das alles nicht, denn Franzisco Pizarro hat nie studiert, er konnte nicht einmal seinen Namen schreiben, und der Komponist Vivaldi hat zweihundert Jahre nach dem Eroberer Pizarro gelebt.

Und die Penn, eine Uni der Ivy League, wurde erst spät (1855) gegründet, nachdem beide "Studenten" längst tot waren.

Dennoch steckt eine Menge Geschichte und Kultur in dem kurzen Mem **PePiVi 41'78**.

Die Expansion eines Mems läuft bei jedem Menschen anders ab.

Mir fällt wegen "**Vi**" zunächst der Venezianer **Vi**valdi ein, und damit die Piazza San Marco in Venedig, wo ich schon für schlappe 12 Euro einen **Kaff**ee (= **78** im Major-System) bekommen habe.

Dann sehe ich mit geschlossenen Augen, wie der Platz überschwemmt wird, weil mal wieder das Wasser in der Lagune steigt, und eine **Ratt**e (= **41**) über den Platz schwimmt.

In meiner Kindheit lebte ich am Fluss Echaz und sah jeden Tag Ratten, weshalb bei mir "Ratte" im Major-Code identisch mit "41" ist.

Infolge dieser lebhaften Szene auf der Piazza San Marco erinnere ich mich, dass PePiVi zu Penn-Pizarro-Vivaldi expandiert wird.

Der Eroberer Pizarro muss wie Magellan und Cortés um 1500 gelebt haben, also wegen 2-2-Rest 41'78 von 1478 bis 1541.

Vivaldi ist Barock, also ungefähr die Zeit 1685:1750 von Johann Sebastian Bach, weshalb Vivaldi von 1678:1741 gelebt haben muss.

Da ich die Weltleitzahlen [41 -074] von New York City kenne, vergleiche ich sie unwillkürlich mit den Weltleitzahlen [41 -078] der "Penn" und stelle fest, dass New York City im gleichen Breitenstreifen vier Grad östlicher liegt.

Um die Entfernung New York City - Penn zu schätzen, darf ich nicht 4 × 111 km = 444 km rechnen, denn die → Längenstreifen werden vom Äquator (111 km) nach Norden immer schmaler.

Ich merke mir diese fünf groben Tabellenwerte in 10-Grad-Schritten, um Ost-West-Entfernungen schneller schätzen zu können; nördlich von 70° leben praktisch keine Menschen, südlich von 30° rechne ich mit 100 oder 110 (mal 100 plus 10 Prozent).

Die Penn liegt etwa 40° Nord, also rechne ich 4 × 85 km = 340 km, was der genauen Entfernung sehr nahe kommt.

Durch Zoomen auf die "Penn" in einer "richtigen" Weltkarte hätte ich keine haltbare Vorstellung von der Lage der "Penn" auf dem Globus.

Niemand muss die acht Ivy League-Universitäten[39] im Nordosten der USA kennen, an deren Weltbedeutung ändert das allerdings nichts.

Nord	Breite des Längenstreifens
70°	≈ 40 km
60°	≈ 60 km
50°	≈ 70 km
40°	≈ 85 km
30°	≈ 100 km

Im Schnelldurchgang: Das Zauberwort PePiVi liefert mir zunächst Vivaldi, Kaffee mit Blick auf San Marco, 78, Ratte, 41, 78'41, Vivaldi 1678:1741, Pizarro 1478:1541, Penn = Pennsylvania State University [41 -078].

39 Pennsylvania State University PA; Princeton NJ; Columbia NYC; Yale in New Haven CT; Brown in Providence RI; Harvard in Cambridge MA; Dartmouth in Hanover NH; Cornell in Ithaca NY.

Im Gehirn laufen Lernen und Abruf völlig anders ab als im Computer; Wissen im Menschen braucht Zeit um das Bewusstsein zu verändern.

In der Schule arbeitet man längere Zeit an einem Thema wie Absolutismus, um einen Eindruck der gesellschaftlichen Bedingungen in solchen Epochen zu vermitteln, wobei es nicht auf einzelne Fakten ankommt.

Schüler können deshalb nach vier Wochen Absolutismus auch nicht sagen, dass das identisch mit dem Ancien Régime 1589:1789 war.

Entsprechend der kulturweiten Ablehnung von Mnemotechniken für Vielwisserei seit Melanchthon und Montaigne durchgehend bis heute strebt man in der Schule kein abfragbares Faktenwissen sondern Bildung an.

Unser sprunghaftes Denken, eine Stadt in China (Shijiazhuang) an den Sonnenkönig zu binden (ÄtCaShiLuMa), ist überhaupt nicht geeignet für den Schulunterricht, der richtigerweise sachlogisch vorgeht, während wir psychologisch vorgehen, um möglichst viel mit wenig Aufwand erinnerbar zu machen.

Wir lösen uns von der inhaltlichen, sachlogischen Bindung und nutzen mit unserer PC-unterstützten Webtechnik für Wissen Zahlengleichheit und Bildung neuer, kurzer Worte durch Stutzen und Verbinden.

So sind auch alle Aussagen hier über den Schulunterricht keine Kritik am Schulunterricht, der bei Erstkontakt mit Wissen im Jugendalter ganz anders sein muss als Erwachsenenbildung, die natürlichen Zerfall von Wissen aufhalten will und Lernen zur Gewohnheit machen will.

Während der Pandemie und der Schulschließungen haben Millionen Menschen begriffen, welche harte und wertvolle Arbeit – kognitiv und sozial – Lehrkräfte tagtäglich bei großen Schülerzahlen pro Klasse vor der Pandemie geleistet haben.

Lernbereiten Jugendlichen sollte man im Bildungssystem auch Methoden anbieten, Wissen sich nicht nur anzueignen im Hinblick auf den Test in zwei

Wochen, sondern bezogen auf deren Lebenszeit in einer hochtechnisierten, globalen Weltgesellschaft mit acht Milliarden Menschen.

Jeglicher Zwang solche fächer- und sachübergreifenden Methoden auch zu benützen hat jedoch zu unterbleiben.

Das in Indien erfundene Schachspiel hat seit dem 13. Jahrhundert in Europa kulturelle Bedeutung erlangt, weil es auf einem diskreten, klaren Raster von nur 8 × 8 zulässigen Orten mit Zügen in wenigen Richtungen waagrecht, senkrecht, diagonal und Rösselsprung die viel komplexere Situation auf einem realen, kontinuierlichen Schlachtfeld extrem vereinfacht hat.

Was vom realen Schlachtfeld mit Höhen und Tiefen im ebenen, gerasterten Schachspiel mit nur noch 64 Orten übrig bleibt, ist immer noch so komplex, dass man trotz jahrzehntelanger Übung von Experten den Spielausgang nicht vorhersagen kann.

Unsere Rasterkarte der Welt vereinfacht die kontinuierliche Topografie der Millionen Orte auf nur rund 14 000 zulässige diskrete Landpunkte (Plantrapeze, Polarregionen ausgeschlossen) senkrecht und waagrecht, von denen wiederum nur rund 1400 mit Anfangsbuchstaben von Orten markiert sind um die Lage dieser Orte kompakt mit Weltleitzahlen im Kopf lokalisieren und vergleichen zu können.

Im digitalen → Notizbuch wird von der gesamten Rasterkarte der Welt (größere Ausschnitte davon S. 163ff) immer nur ein Ausschnitt von 15 × 15 Punkten (oder 19 × 19 Punkten, wie im asiatischen Go-Spiel) ohne Zoomen gezeigt, damit sich die gegenseitige Lage von Orten besser einprägt und Orte im Gehirn nicht zu schwimmen beginnen.

Dieser Ausschnitt von 15 × 15 Punkten kann von jedem Ortsnamen, der auf dem Bildschirm steht, per Klick auf den nachfolgenden Umgebungsoperator [u] sofort gebildet werden, ohne Warten auf das Internet, ohne virtuelle Tastatur und Tipperei.

Beim Hineinzoomen in Google Maps oder in OpenStreetMap erscheinen in jeder der 16 Stufen neue Orte: nützlich beim Suchen, schädlich beim Merken.

Durch Verzicht auf Zoomen im → Notizbuch bleiben Lagebeziehungen erhalten, und es können viele absolute Koordinaten aus der relativen Lage zu Stützstädten leicht errechnet werden.

Anstatt "Stadt, Land, Fluss"[40] zu spielen ist es interessanter und lehrreicher, mit dem Notizbuch Städteraten zu spielen, mit vielen Umgebungskarten 15 × 15 Punkte auf dem Tablet.

Das geht gut in Vertretungsstunden ("Hohlstunden"[41]), wenn Lehrkräfte für den regulären Unterricht erkrankt sind oder bei Schulschließungen während einer Pandemie.

Im regulären Unterricht soll man bei der Sache bleiben, in Vertretungsstunden kann man auf dem Globus umherspringen, ungelenkte Streifzüge durch das Wissenslabyrinth machen, bisher unbekannte Orte und Personen kennenlernen und in sein eigenes Wissen an der richtigen Stelle einbauen.

Eine weitere Verschränkung von Orten und Personen bietet der Schalter [P] (Personen finden) oben an der Rasterkarte im Notizbuch.

Man tippt beispielsweise "ulm" ein, klickt auf [u] hinter Ulm und auf der erscheinenden Rasterkarte oben auf [P].

40 Von zwei Spielern gibt einer einen Buchstaben des Alphabets vor, der andere soll eine Stadt, ein Land, einen Fluss, ... mit diesem Anfangsbuchstaben aus dem Gedächtnis nennen. Dieses Spiel erweitert den Horizont nur wenig.

41 Wir wurden als Schüler in Hohlstunden zu Zeiten des Lehrermangels auf den geteerten Schulhof neben der Jahnturnhalle zum Fußballspielen geschickt.

Orte mit nun roten Anfangsbuchstaben sind über gleichen 2-2-Rest mit einer Person (oder einer Epoche) verbunden.

Anschließend Klick auf das rote "N" von Nürnberg zeigt unter der Rasterkarte, dass Nürnberg mit Christopher Hitchens verbunden ist, der für "Hitchens Rasiermesser" bekannt ist.

"Verbunden" heißt, Hitchens Lebenseckdaten 1949:2011 und Nürnbergs Weltleitzahlen haben denselben 2-2-Rest 49'11.

Durch die Lokalisation von Personen in Orten ist es leichter, 2-2-Reste zu erinnern, weil es mehr Verknüpfungen gibt.

Die Weltleitzahlen von Zürich sind [47 009] und Felix Mendelssohn Bartholdy ist mit Zürich "verbunden", also hat Mendelssohn den gleichen 2-2-Rest und seine Lebenseckdaten sind 1809:1847, denn er hat im 19. Jh. gelebt.

Margarete Steiff, die Vermarkterin des weltbekannten Teddy-Bären, hat um 1900 gelebt, wie Teddy Roosevelt (26. Präsident der USA); da sie ebenfalls mit Zürich in Verbindung steht, ist sie 1847 geboren und 1909 gestorben.

Und Ciceros Ferienhaus liegt an der Mittelmeerküste beim Heimathafen Toulon der französischen Marine; das ist zwar gelogen, hilft aber, die Weltleitzahlen[42] von Toulon oder die Lebenseckdaten von Cicero zu erinnern.

Die fiktive Ver**ort**ung von Personen ist der Erinnerung förderlich[43].

Es ist witzig, durch Klick auf rote Anfangsbuchstaben herauszufinden, wer wo sein eingebildetes Feriendomizil hatte.

Bei dieser nützlichen Konstruktion von Teilwirklichkeit ist dennoch immer der Realitätsanteil trennbar von der Fiktion.

---

42 Gleicher 2-2-Rest 43'06: Weltleitzahlen [43 006] und Lebenseckdaten -106:-43.

43 Jeder noch so kleine Beitrag in der Summe der Nervenimpulse kann dafür sorgen, dass der Schwellenwert für Abruf und Erinnern überschritten wird.

8

Textom als Ultraverlinkung

Üblicherweise werden Hyperlinks von Menschen in einen Fließtext gesetzt; nehmen wir als Beispiel eine Wikipedia-Seite.

Da gibt es Sätze ohne einen einzigen Hyperlink, erkennbar an der durchgehend schwarzen Farbe, und es gibt Sätze mit wenigen Hyperlinks, erkennbar an der blauen Schrift.

Mit Klick auf einen blauen Text in Wikipedia ändert sich der Bildschirminhalt und es wird ein anderer Text aus demselben Dokument oder einem anderen Internet-Dokument gezeigt.

Es kann das Gefühl aufkommen, man springe von einem Text zu einem andern, die alle in einer Ebene wie lose Seiten eines Buches nebeneinander ausgelegt sind.

Tatsächlich springt der Text (eine Kopie davon) aus dem Internet zu mir auf den Bildschirm und ich bewege mich überhaupt nicht, was auf Dauer gesundheitsschädlich ist.

Meine Zählung in einigen Artikeln in der Wikipedia ergab auf je 16 Worte nur einen von Menschen gesetzten Hyperlink.

Auch wenn das Setzen von Hyperlinks für Autoren in Wikipedia vereinfacht ist, macht es dennoch Mühe, einen Hyperlink von Hand auf einen bestimmten Abschnitt in einem anderen Wikipedia-Artikel zu setzen.

Für Wikipedia-Autoren[44] ist es aufwändig von Zeit zu Zeit zu überprüfen, ob Links zu externen Quellen überhaupt noch funktionieren.

Tendenziell bestehen eher zu wenige als zu viele Hyperlinks, weil man im Hinterkopf beim Schreiben von Internet-Texten immer noch das gedruckte, lineare Buch als Vorlage (Schablone, Template) hat.

Um Hyperlinks nicht einzeln setzen zu müssen gab ich für ein Zehnjahres-experiment als Rahmen vor, dass automatische Links nur innerhalb der 8 MB-Datei gesetzt werden, also nicht aus der Datei heraus ins Internet.

Durch diese Begrenzung ist Automatisierung der Link-Setzung möglich.

Seltene Links zu externen Quellen im Internet sind mit [www] markiert.

Zum Schreiben wählte ich das altbekannte HTML-Format aus und benützte die Sprache JavaScript, um jeden Personennamen, jeden Ortsnamen, jede Jahreszahl, jede Koordinate, jedes Hauptwort, das auf der Seite momentan sichtbar ist, zum Titel einer (neuen) Seite zu machen, deren Inhalt sich der Browser **automatisch** aus den Datensätzen zusammensucht.

Dazu musste ich in 7 Millionen Zeichen nur einzelne Worte ("Mérida") oder kurze Wortgruppen ("Zweiter Weltkrieg", "Ming-Dynastie", "Haus Anjou-Plantagenet") unsichtbar in Hauptdatensätzen und sichtbar (*kursiv*) in [mehr]-Abschnitten markieren, sodass ein Klick darauf diese Wortgruppe in das große Eingabefeld katapultiert.

Jede Änderung des Eingabefeldes – auch nur um ein Zeichen – startet eine Suche über alle Hauptdatensätze nach dem Text im Eingabefeld, eine Suche, die meist innerhalb einer Sekunde den Bildschirm mit einer Ergebnisliste überschreibt (oder belässt, wenn nichts anderes gefunden wird).

---

44 Obwohl Autorinnen und Autoren gleichermaßen Zugang zur deutschen Wikipedia haben, stammen nach einer Umfrage von 2015 nur 15 Prozent der Artikel von Frauen (https://de.wikipedia.org/wiki/Geschlechterverteilung_in_der_Wikipedia)

+ Ist die erzeugte Liste leer oder zu klein, fügt man mit dem Plus-Button (oder zeitraubender mit der virtuellen Tastatur) an das Wort im Eingabefeld (S. 40 oder 122) ein "+" Pluszeichen an, wodurch die Suche auch über alle [mehr]-Abschnitte verläuft und die Liste meist verlängert.

Das bei dieser Konstruktion entstandene Textom ist eine Datei mit ca. 8 MB Speicherplatz: die Datenbasis (3000 Seiten) plus das JavaScript-Programm (6800 Zeilen = 200 000 Zeichen).

Dieses Textom ist nur der Prototyp eines Textoms und heißt hier in den vorausgehenden Kapiteln einfach → Notizbuch, weil es meine Notizen aus der Lektüre von Büchern und Internetseiten über Personen, Geschichte und Orte enthält und keinesfalls nach professionellen Gesichtspunkten mit Inhalt versehen worden ist.

Es geht hier dabei nicht um die Richtigkeit der Inhalte, sondern um die Form des Datenzugangs, der nach meinen Recherchen neu ist.

Der Buchdruck, erfunden im 15. Jahrhundert, hätte schon im -15. Jahrhundert erfunden[45] werden können, nur hat es niemand vor Gutenberg probiert.

3000 Jahre lag diese Technik herum, und sie wurde nicht benutzt.

Die Informationstechnik hat sich seit der Entdeckung des Transistor-Effekts in der Weihnachtszeit 1947 und Claude Shannons Informationsbegriff in "Mathematical Theory of Communication" 1948 rasend schnell entwickelt, aber viele Möglichkeiten wurden bis heute nicht genutzt.

Materie und Energie sind ganz verschiedene Kategorien[46]; das Wissen um

45 Vilém Flusser: 'Die Schrift', Göttingen, 3.1990, 160 S., S. 50: "Alle technischen Voraussetzungen (Pressen, Tinten, blattförmige Unterlagen, auch die Kunst, Negative in Metall zu gießen) waren damals gegeben."

46 Einsteins Äquivalenz $E = mc^2$ spielt im Alltag von Menschen keine Rolle.

den Energiesatz hat der Menschheit eine Befreiung von elementaren, materiellen Nöten gebracht, gleichzeitig eine ungeheure Verschmutzung durch exzessive[47] Nutzung fossiler Energien, welche die Biosphäre bedroht.

Materielles und energetisches Wachstum ist an Grenzen gestoßen, Wachstum an Information noch lange nicht.

Information ist etwas ganz anderes als Materie und etwas ganz anderes als Energie, etwas, das wir als Gesellschaft noch nicht begriffen haben.

Weil Information das Einzige ist, was noch wachsen kann und was noch gigantisch wachsen wird, werden effiziente Suchalgorithmen wichtiger.

Mittel für vieldimensionalen Datenzugang sind hier neu entwickelte → Textoperatoren.

Die Daten bestehen aus aus Hauptdatensätzen von durchschnittlich acht Wörtern/Zahlen Länge und aus [mehr]-Datensätzen zu vielen Hauptdatensätzen mit rund 50 bis, sagen wir, 1000 Wörtern (mittlere Datensatzlänge 680 Byte).

Die Begrenzung auf ca. 10 Wörter Länge ermöglicht das übersichtliche, automatische, zeilenweise Listen weniger bis vieler Hauptdatensätze.

Die Hauptdatensätze entsprechen den Stichwörtern in der Enzyklopädie.

Ein Hauptdatensatz kann ein [mehr]-Ende haben, mit dem durch Klick ein eventuell langer, eingerückter blauer Fließtext geöffnet wird, wodurch sich der nächste Hauptdatensatz in der Liste nach unten verschiebt, ebenso die folgenden Hauptdatensätze.

In einer gedruckten Enzyklopädie kommt nach jedem Stichwort sogleich die Erklärung, bestehend aus einem kurzen Absatz oder mehreren Absätzen.

47 Deutscher Primärenergieverbrauch ≈ 100 × Maximale menschliche Dauerarbeit

In den 30 000 Seiten des allerletzten gedruckten, vielbändigen "Brockhaus" waren das im Mittel 10 Stichwörter pro Seite mit Erklärungen.

Diese Erklärungen können nicht weggeklickt werden, um die Liste der Stichwörter übrig zu lassen.

Aus der Liste der Stichwörter kann auch keine Teilliste selektiert werden, wie das mit dem Textom auf dem Tabletcomputer möglich ist.

Gedruckter Text ist starr und bleibt starr.

Die Eingabe "mai" im Textom produziert eine überschaubare Liste mit 15 Hauptdatensätzen von "Maine" über "Kirkwall < Mainland", "Mainz", "Mailand", "Chiang Mai", "Maimonides" und weiteren.

Ich kann auf das [mehr] hinter "Mainzer Landfrieden" klicken, um zu lesen, worum es da geht.

Ich könnte aber auch auf [u] hinter "Chiang Mai" klicken, um auf der sich öffnenden Rasterkarte zu sehen, wie diese Stadt relativ zu Bangkok liegt.

Da unterhalb der Rasterkarte

19 099 Chiang Mai [u] < Thailand < Asien ooo ...
19'99

steht, kann ich auf "Thailand" klicken und alle Rasterpunkte, die zu Thailand gehören, werden rot und fett markiert.

So gewinne ich schnell Orientierungswissen von großen Einheiten (Asien, Thailand) zu kleineren Einheiten, Orten wie Bangkok und Chiang Mai.

Klick auf den 2-2-Rest 19'99 zeigt mir, dass Mexico City [19 -099] im gleichen Breitenstreifen 19 Grad liegt, allerdings gespiegelt am Nullmeridian.

Keine Landkarte weist mich auf diese Ähnlichkeit hin, die das globale Denken unterstützt.

Die Objekte unseres Denkens, ausgehend von unserer Umgebung, dem Wohnort, Landkreis, Land, werden globaler durch das Textom.

Ebenso weitet sich der geschichtliche Horizont von einigen Jahren, Jahrzehnten zu Jahrhunderten und Jahrtausenden.

Jedenfalls wird der Weltradius eines Körner pickenden Huhns von drei Meter weit überschritten.

Das Konnektom, das Netzwerk aller Verbindungen im Nervensystem eines Lebewesens, ist – elektrisch gesprochen – fest verdrahtet, verändert sich nur langsam, wenn wir wachsen, lernen oder vergessen.

Das Wissen eines gut trainierten Tennisspielers, wie man einen Ball retourniert, ist fest gespeichert in Nerven, Muskeln und Gelenken.

Die Verbindungen im Textom-Prototyp existieren nicht, denn die Daten sind voneinander isoliert gespeichert.

Kein Datensatz "weiß" etwas von einem anderen Datensatz.

Durch die Konstruktion, dass nach dem Wort oder der Wortgruppe im großen Eingabefeld das Textom durchsucht wird, entstehen die Verbindungen "on the fly", im Moment des Durchsuchens.

Diese in Echtzeit gezogenen Verbindungen sind transient, vorübergehend, bei der nächsten, anderen Eingabe verschwunden.

Alles, was mit der Zeichenfolge "mai" als Wortanfang zu tun hat, wird vom Textom zusammengesucht und gelistet.

Das Zeigen des ganzen Textoms auf dem Bildschirm macht keinen Sinn, weshalb erst gesucht wird, wenn mindestens zwei Zeichen als Wortanfang eingegeben sind um die Ausgabe zu reduzieren.

Obwohl das Textom eine einzige Datei ist, kann es nicht als Dokument bezeichnet werden, weil jede Eingabe den auf dem Bildschirm sichtbaren Teil des "Dokuments" verändert (permanente Dokumentenänderung).

Mein Gehirn hält "mai" für ein Wort, nicht für einen Wortanfang.

Was von meinem Konnektom im Gehirn an Verbindungen liegt, produziert mit "mai" die Vorstellung "Maibaum", "Alles neu macht der Mai", "Frühling", "Sonne", "5. Monat" und ein paar Vorstellungen mehr.

Mein Konnektom lädt nicht "Chiang Mai" ins Bewusstsein (= Bildschirm), auch nicht "Maidiguri" und nicht einmal "Mainz" oder "Frankfurt am Main", obwohl die näher liegen.

Da ich diese Begriffe nicht sofort auf dem Schirm habe, ist das Textom eine wünschenswerte Erweiterung meines beschränkten Konnektoms und Bewusstseins.

Weil es in der Wirkung ähnlich ist wie ein Konnektom, ist das Textom auch humaner als die riesige Wikipedia-Datenbank, die eher einer Bibliothek als einem menschlichen Gehirn gleicht.

Allerdings ist das Textom in seiner Verhaftung an bloßen Zeichenfolgen, an der Syntax, primitiv im Vergleich zum Gehirn, das auch bedeutungsähnliche, semantische Verbindungen herstellt.

Das Textom soll keine Enzyklopädie nachahmen, auch nicht Wikipedia ersetzen oder irgend eine andere große Datenbank, sondern den Nutzen einer Verdichtung von Links auf einer kleinen Datenbasis (< 10 000 Datensätze) für das Lernen zeigen.

Wikipedia ist zum Nachschlagen da, um sich eine Information für eine kurze Zeit zu merken, aber nicht zum dauerhaften Lernen.

Ein Textom ist gedacht zum Lernen, zum schnellen, wiederholten Auffinden von Querverbindungen, die sachfremd sein können und das Behalten verbessern sollen.

Aus der "Bielefeld Academic Search Engine" (BASE) mit mehr als 200 Millionen indexierten Dokumenten kann man kein Textom machen.

Man merkt sich das Suchergebnis aus BASE auch nicht, sondern notiert es sich als genaue Quellenangabe oder zum weiteren vertieften Studium.

Die "Cyclopaedia" von Chambers (1728) ist bemerkenswert aufgrund des erstmalig ausgearbeiteten Systems von Querverweisen.

Im "Zedler", der umfassendsten deutschsprachigen Enzyklopädie des 18. Jahrhunderts, verlinkten im Jahr 1751 rund 276 000 Verweise die 284 000 Artikel (alle im Internet!) in 64 Bänden.

Modern formuliert ist ein Querverweis ein Hyperlink, der von Hand (oder auch zu Fuß bei vielen Print-Bänden) ausgeführt werden muss.

Immer dienen diese Erschließungshilfen der eigenen Entscheidung, linear weiterzulesen oder an einer anderen Stelle mit dem Lesen fortzufahren.

Gedruckte Fußnoten, Endnoten, Inhalts- und Stichwortverzeichnisse, Querverweise sind funktional nichts anderes als nichtautomatische Hyperlinks.

Im heutigen Verständnis sind Hyperlinks auf Mausklick oder Fingerberührung hin automatisch ausgeführte Abweichungen von der linearen Leserichtung, Sprünge im Weltwissen, das flächig (oder räumlich oder vieldimensional) ausgelegt gedacht ist.

Die Leser entscheiden mit immer weniger Aufwand, wo sie weiterlesen möchten.

Professoren beklagen, dass Studenten nicht mehr lange und vertiefend mit einem Fachbuch arbeiten können; sie seien zu fahrig und immer auf dem Sprung zu etwas Interessanterem.

Jedoch kann auch ein gutes Lehrbuch in einer harten Wissenschaft wie Mathematik, Medizin, Chemie, Physik, Biologie, Geografie, Linguistik, usw. nicht linear wie ein Roman durchgelesen und verstanden werden.

Oft kommt man beim Studium nicht weiter, ohne andere Quellen zu Rate zu ziehen, also Sprünge zu machen.

Ausdauernd studieren heißt, nicht ermüden beim Sprüngemachen.

Das Wissbare wurde in ungeheurer Weise vermehrt, und in diesem Meer des Wissens kann man auch teilweisen Überblick nur durch Sprünge gewinnen.

Begrenzt man Wissen für Lernzwecke in einer Datei, so kann man durch Verbesserung der Suchalgorithmen das Suchen wesentlich erleichtern und beschleunigen.

Ob ich nach dem Nobelpreisträger "Müller Alex" suche oder nach "Alex Müller" muss dasselbe Ergebnis liefern; im Notizbuch ist das so, in der deutschen Wikipedia nicht.

Zwei Wörter getrennt durch ein Leerzeichen in einem Suchstring anzugeben darf nicht bedeuten, dass sie genau so als Zeichenfolge gefunden werden sollen.

Mit Suchstring "Alex Müller" wird in üblichen Suchfeldern auf Internetseiten im Textteil "Herr Müller heißt mit Vorname Alex" nichts gefunden.

Suche mit /((Alex).*(Müller))|($2.*$1)/ – falls das Suchfeld Reguläre Ausdrücke[48] überhaupt zulässt – führt zum Treffer im genannten Textteil, ist

48 Mit /.../ werden Suchstrings in Metasprache definiert; der senkrechte Strich | bedeutet Logisch Oder. $1 ist Variable für den ersten geklammerten Ausdruck, also "Alex", $2 = "Müller"; für alle Zeichen dazwischen, eventuell kein Zeichen, steht ".*". Reguläre Ausdrücke sind nicht primitiv; es ist unglaublich, dass ihr Konzept an allgemein bildenden Schulen nicht pflichtmäßig unterrichtet wird,

aber wegen der anspruchsvollen Metasprache und auch wegen der Eingabe mehrerer Sonderzeichen auf einem Tablet unzumutbar.

Voreinstellung sollte sein, dass die beiden Wörter innerhalb einer vorgegebenen Zeichenmenge, z. B. 100 Zeichen, in beliebigem Abstand und in beliebiger Folge vorkommen dürfen um gefunden zu werden, wenn nach "Alex Müller" gesucht wird.

Das sollte auch bei mehr als zwei Wörtern im Suchstring so funktionieren.

Die gigantische Suchmaschine Google[49] kann das natürlich und findet den passenden Wikipedia-Artikel häufig mit hoher Priorität und schneller als der Suchalgorithmus von Wikipedia.

Es wächst der Bedarf die internen Suchalgorithmen auf umfangreichen Internetseiten zu verbessern, weil durch das langwierige Suchen bei immer mehr Daten viel Konzentration und Zeit unnötig verschwendet wird.

Inzwischen ist vielen Eingabefeldern ein Lösch-X beigegeben, das bei Klick das ganze Eingabefeld löscht.

Sinnvoll wären beim Suchfeld auch Buttons für "Löschen linkes Wort" und "Löschen rechtes Wort", um das Öffnen der virtuellen Tastatur zu vermeiden.

Es wäre auch zeitsparend, Wörter im Fließtext per Klick (ohne virtuelle Tastatur und Eintippen) in das Suchfeld zu bringen, was im Textom-Prototyp versucht wurde und zu häufigerem Suchen ermuntert.

Ein einziger Klick für einen Suchvorgang ist damit möglich geworden.

Beim Textom ist der schnelle Suchmodus per Klick permanente Voreinstellung zur Selbststeuerung der Leseabschnitte, also wahlfreier Zugriff (random access) und nicht das Lesen langer Dokumente in der einzigen, vorgegebenen, linearen Textrichtung.

---

denn sie spielen bei Suchvorgängen im Internet, bei der Gensuche, bei der Klassifizierung von Sprachen eine überragende Rolle.

49 Schätzungen für die Anzahl von Programmzeilen: Space Shuttle: 400 000, OpenOffice: 11 300 000, Facebook: 61 000 000, Google: 2 000 000 000

9

Lernen im digitalen Zeitalter

Die COVID-Pandemie hat der bisher langsamen Digitalisierung der Schulen einen Schub gegeben.

Wesentlich mehr Schüler als zuvor haben Tablets bekommen und haben damit im WLAN der Schule handlichen Zugriff auf riesige Datenmengen.

Lehrbücher werden bedeutungsloser, da sie auf eine Schulzeit bezogen wesentlich teurer als Tablets sind, schnell veralten und viel schwerer zu transportieren sind.

Der größere Anteil der Literatur, die in der Schule gelesen wird, ist sowieso inzwischen urheberrechtsfrei.

Pflichtlektüre auf Papier auszudrucken für jede Schülerin, jeden Schüler in der Republik ist reine Ressourcenverschwendung.

An immer mehr Orten auf dem Globus ist der Datenhimmel kostenlos zu erreichen, selbst in rasanter Fahrt im Intercity.

Da kann man leicht auf den Gedanken kommen, Lernen im Sinne von Auswendiglernen sei überhaupt nicht mehr notwendig.

So scheint es Prof. Dr. Maja Göpel, Generalsekretärin des Wissenschaftlichen Beirats der Bundesregierung "Globale Umweltveränderungen", in einem Interview[50] 2018 zu sehen:

> *"Wenn die Digitalisierung und das Internet eins können, dann eine allgemein zugängliche globale Enzyklopädie an Informationen bereitstellen. Wir brauchen also kein Bulimie-Lernen von Fakten mehr."*

Frau Göpel geht im Bedarfsfall sicher nicht zu einer Ärztin, die ihr gesamtes medizinisches Wissen im Internet nachschlagen muss, die keinerlei Fakten auswendig weiß, die keine Krankheitsverläufe, keine Therapien kennt und keinerlei anatomische Kenntnisse hat.

Man wird nur Ärztin, wenn man Tausende von Fakten und Hunderte von Konzepten und Routinen perfekt auswendig gelernt und verinnerlicht hat.

Ein Chirurg, der nichts auswendig weiß und während der Operation sämtliche Kenntnisse im Internet nachschlagen muss, ist dabei den Tod seines Patienten billigend in Kauf zu nehmen, denn er weiß ja, dass er nichts weiß.

Es gibt also auch im Informationszeitalter nichts Falscheres als den Satz:

Wir brauchen kein Lernen von Fakten mehr.

Frau Prof. Dr. Göpel weiß ungeheuer viel mehr als ein Normalbürger[51], sonst hätte sie weder promovieren noch Professorin werden noch ihre Aufgaben in den Kommissionen erledigen können.

Wissenlos ist in vielen Bereichen gewissenlos!

Vorfahrtsregeln und Verkehrszeichen nicht zu kennen ist gewissenlos für den Fußgänger und mehr noch für den Fahrzeugführer.

Weil das Fassungsvermögen von Jugendlichen begrenzt ist, sollte der Pflichtlernstoff auf Teile von Orientierungswissen beschränkt werden.

---

50 https://germanwatch.org/de/15208, abgerufen am 28.01.2022
51 Nur 5 von 10 000 Menschen in Deutschland haben einen Professorentitel.

Handeln ohne Wissen ist gefährlich; es muss einen Ausgleich zwischen Wissen und Handeln geben, weder das eine noch das andere kann unterbleiben.

Die Frage ist also, was Orientierungswissen ist und in die Gehirne sollte, und was dem Datenhimmel Wolkenpedia überlassen werden kann.

In einer sich rasch ändernden Welt ändert sich auch das Wissen, das in der Zukunft gebraucht werden wird, das zum Leben in der Zukunft befähigt, die so klar und eindeutig nicht vorhersehbar ist.

Es scheint so, dass seit einiger Zeit die Fakten loslaufen, die Gehirne vieler Menschen verlassen und sich im Internet versammeln.

Schon 1872 befürchtete Samuel Butler in seinem utopischen Roman "Erewhon" (nowhere), Maschinen könnten Bewusstsein erlangen, hielt es für unvermeidlich, dass Maschinen uns so behandeln werden, wie wir Pferde behandeln, und in unseren Tagen hält Nick Bostrom[52] die Intelligenzexplosion von Maschinen für schwer vermeidbar.

Während das Informationsangebot im Internet steigt, sinkt die Bereitschaft Basiswissen zu verinnerlichen.

Es genügt nicht, Basiswissen angelesen zu haben; diese Kenntnisse verschwinden sehr schnell wieder aus dem Bewusstsein.

Bei Straßenumfragen nach den fünf bevölkerungsreichsten Ländern der Erde fehlt regelmäßig Indonesien; dabei steht es mit 275 Millionen Einwohnern an vierter Stelle; wir haben Indonesien nicht auf dem Schirm.

Vorwissen ein Indikator für leichtes Dazulernen von neuen Fakten: Je mehr ich schon weiß, umso mehr Neues kann ich mit dem alten Wissen verknüpfen.

Faktenverachtung im Bildungswesen muss aufhören, schon um "alternativen Fakten" keinen Boden zu bereiten.

---

52 Nick Bostrom: 'Superintelligence. Paths, Dangers, Strategies', Oxford 2013

Das berufliche und allgemeine Bildungswesen in Deutschland ist verglichen mit 190 anderen Ländern hervorragend; was der Mehrzahl der Pädagoginnen und Pädagogen hierzulande fehlt, ist die geistige Ankunft im Informationszeitalter, in dem Worte in Systemen Handlungen in Maschinen auslösen, die unser Leben beeinflussen und Wohlstand ermöglichen.

Ihnen fehlen weitgehend algorithmische Sprachkompetenzen.

Nur ganz wenige können digitale Texte mit Auszeichnungssprachen[53] gestalten; noch weniger haben sich jemals mit Programmiersprachen beschäftigt.

Icons von Apps anklicken zu können, wie man Lichtschalter betätigt, bedeutet noch keine Verinnerlichung der neuartigen, digitalen Konzepte.

Informatik ist keine Modescheinung, die nächstes Jahr wieder verschwindet; sie wird alle Lebensbereiche durchdringen; wiederholbare Tätigkeiten verlieren dauerhaft an Wert.

Um 1900 genügte es Tastschreiben zu können, um ein Leben lang seinen Unterhalt mit einer mechanischen Schreibmaschine verdienen zu können.

Blindes Tastschreiben mit 10 Fingern ist eine Fähigkeit, die man sich in einem Monat oder etwas mehr aneignen kann.

Heute braucht es komplexere Fähigkeiten um ein Lebenseinkommen zu verdienen.

Dazu ist Lernfähigkeit, lebensbegleitendes Lernen notwendig, selbstorganisiertes, kontinuierliches Lernen, Ausbildung von täglichen Lerngewohnheiten.

Eine Lerngewohnheit hat man erst, wenn man Entzugserscheinungen bekommt an einem Tag ohne Selbstabfrage.

Textome wie das → Notizbuch helfen dabei, indem sie Lernen in Eigenzeit ermöglichen, Lernen zum Spiel machen und Anfragen an die Wissensbasis vereinfachen und mit Tausenden → Textoperatoren verkürzen.

---

53 LaTeX, HTML, CSS, SVG sind in Pädagogenkreisen weitgehend unbekannt.

10

Paradigmen und Vorschläge

Grundsätzliche Denkweisen (Paradigmen) und Vorschläge für den leichteren Zugang zu digitalen Informationen, die sich aus der Programmierarbeit ergeben haben, werden im Folgenden ohne Unterscheidung durchnummeriert.

Schon 1962 wurde das Ende[54] des Buchzeitalters eingeläutet, erst seit 2008 sinkt die Anzahl der Verlags-Neuerscheinungen in Deutschland[55] mit einer durchschnittlichen Minderung von jährlich 1300 Neuerscheinungen.

Beim Übergang von der Gutenberg-Galaxie in die Turing-Galaxie müssen und werden sich Paradigmen ändern.

54 Marshall McLuhan: 'Die Gutenberg-Galaxis: Das Ende des Buchzeitalters', 1962

55 https://de.statista.com/statistik/daten/studie/39166/umfrage/verlagswesen-buchtitelproduktion-in-deutschland/, abgerufen am 26.01.2022, mit Spitze 86 084 Neuerscheinungen in 2007 zu nur noch 69 180 in 2020. Addiert man die Self-Publishing-Titel, nimmt die Zahl der Neuerscheinungen allerdings zu.

Aus gedrucktem Papier werden nach und nach immer mehr Bildschirmseiten.

Die Keile veranschaulichen: Das eine nimmt ab, verschwindet aber während Jahrhunderten nicht, das andere nimmt zu.

Durch die Programmierbarkeit (das Wesentliche der Turing-Maschinen) müssen Bildschirmseiten nicht so starr wie gedruckte Seiten bleiben.

Papierseiten sind nicht überdruckbar, Bildschirmseiten sind überschreibbar.

Das gedruckte Buch wird beim Übergang zum PDF-Dokument entmaterialisiert, verschwindet als greifbares Objekt, verliert alle seine haptischen Eigenschaften, sein Gewicht.

Aus einer überschaubaren Menge von Büchern im Bücherregal zuhause oder in der Bibliothek werden unsichtbare, riesige Mengen von Dokumenten in einem winzigen Speicher im Tablet und einem großen Speicher im Internet oder in der Cloud.

Paradigma 1: Auch in Schulen wird das digitale Tablet das starre Lehrbuch als Hauptmedium früher oder später ablösen.

Das Tablet bietet viele Vorteile gegenüber dem gedruckten Buch; es ist leichter als ein "Diercke Weltatlas", man kann die Schriftgröße den eigenen Bedürfnissen anpassen, Urheberrechte klassischer Literatur sind längst abgelaufen, über WLAN hat man Zugang zum Internet, Inhalte können schnell aktualisiert werden, es produziert keine Papierverschwendung, es ist programmierbar.

Vokabeln aus gedruckten Büchern zu lernen, wo fremdsprachige Bedeutung und deutsche Bedeutung gar innerhalb einer Zeile erscheinen, ist lernfeindlich (Begründung S. 57) und anachronistisch zugleich.

Das E-Book hat eingeschränkte Programmierfähigkeit, wodurch es wirklich nichts anderes ist als ein elektronisches, starres Buch, ohne die angenehme Haptik des Buches.

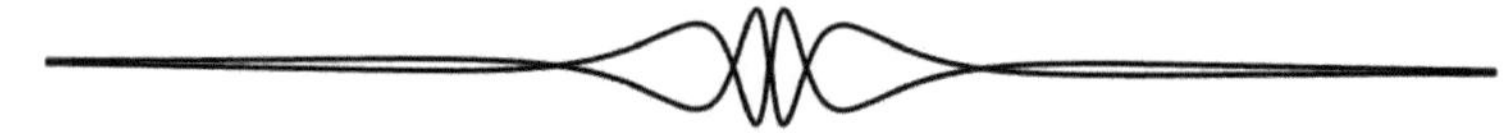

Zur **Herstellung** von Texten bietet mir mein Textverarbeitungsprogramm zusätzlich zum Text 92 Menüpunkte und Icons auf dem Bildschirm an, die sich leicht vermehren lassen.

Obwohl Browser zum Betrachten von digitalen Texten enorme Möglichkeiten geschaffen haben, wird die Programmierfähigkeit in Bezug auf **Darstellung** von Texten immer noch nicht ausreichend eingesetzt.

Taschenrechner bieten eine Vielfalt von Operatoren für Zahlen an.

Das zu diesem Buch gehörende → Notizbuch soll Ähnliches für fertige Texte leisten, indem rund 20 000 Textoperatoren angeboten werden.

Der beabsichtigte Zweck des digitalen → Notizbuches ist schnellerer Zugang zu Einzelheiten und Zusammenhängen in einem begrenzten Datenbereich (< 10 000 Datensätze), als es die bisherige Textdarstellung in HTML[56] ermöglicht.

Dazu werden neue Buttons und Konventionen für schnellere Textsuche eingeführt.

Nebeneffekt ist ein besseres Kennenlernen wichtiger historischer Personen, Ereignisse, Orte und Regionen anhand des Prototyps → Notizbuch.

Daten und Fakten zu allen Themen gibt es längst in vielfältiger Weise in Büchern und im freien Internet.

Nachschlagen in Büchern oder Suchen im Netz unterbleibt oft, weil die Prozeduren dafür zu umständlich sind.

56 HTML = Hyper Text Markup Language, die standardmäßige Textauszeichnungssprache für Internet-Dateien mit Surf-Möglichkeit. Beispielsweise bewirkt <i>italic</i> Kursivschrift *italic*.

Vorschlag 2: Jedes Wort, jede Zahl, jedes Symbol in einem Hauptdatensatz (schwarze Schrift) soll ohne weitere Markierung klickbar sein und zu anderen Listen führen.

Klick auf das Geburtsjahr "1564" von Shakespeare zeigt an, dass da Michelangelo Buonarotti, Ferdinand I., Calvin und Vesalius gestorben sind.

Darunter wird angezeigt, dass 1564 auch Christopher Marlowe, Henry Percy, Pieter Brueghel der Jüngere und Galilei geboren sind, eine illustre Gesellschaft, die vom Knotenjahr 1564 zusammengeführt wird.

Noch mehr Zeitgenossen von Shakespeare erhält man mit einem einzigen Klick auf » «.

Zeitgenossensuche kann ganz schön aufwendig sein, wenn man ein solches Tool nicht hat.

Vorschlag 3: Durch Klick auf den Plus-Button kann die Suche, die sich ohne Plus nur auf die formellen Hauptdatensätze bezieht, auf die [mehr]-Datensätze in Fließtext ausgedehnt werden.

Im Falle des Wortes "Frankreich" im großen Eingabefeld bewirkt das Klicken des Plus-Buttons die Anzeige von weiteren 196 Hauptdatensätzen, bei denen sich das Wort "Frankreich" nur im blauen [mehr]-Teil, also dem Fließtext, befindet.

Auf diese Weise kann reguliert werden, ob viele oder wenige Datensätze in der Trefferliste stehen.

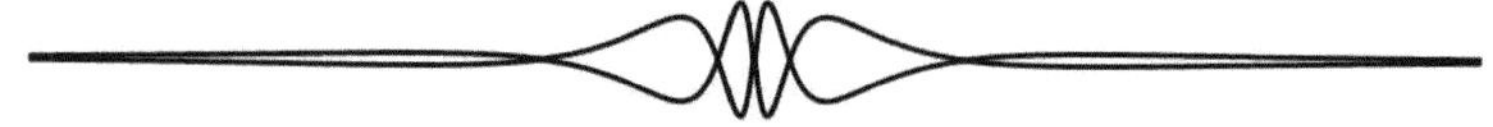

Vorschlag 4: Wähle die *kursive* Schreibweise aus, um ein Wort oder eine Wortfolge in einem [mehr]-Datensatz zum Hyperlink zu machen.

Da im Fließtext wesentlich mehr Worte als bisher zu Hyperlinks gemacht werden sollen, wäre ein Farbwechsel für klickbare Worte (die übliche Markierung von Hyperlinks) ein zu großes Lesehemmnis.

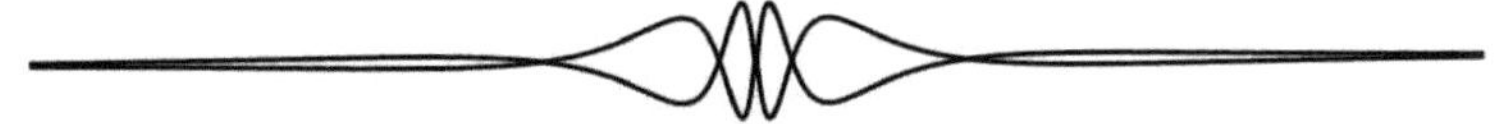

Vorschlag 5: Ein Satz in einem Textblock sollte so dargestellt werden, dass Anfang und Ende ohne zu Suchen vom Auge unmittelbar festgestellt werden können.

"Atemlos durch die Nacht"[57] des riesigen Textblocks[58] macht niemand mehr mit in digitalen Zeiten, wo Textlänge keine Papierverschwendung mehr ist, weil Texte auf dem Bildschirm stehen.

Durch klare Trennung von Sätzen gibt es viel mehr Einstiege zum Lesen als bei großen Textblöcken.

Wenn ein Satz mit einem Punkt endet, endet ein Gedanke, und das muss klar dargestellt werden, nicht nur durch das kleinstmögliche Zeichen, ein winziges Pünktchen.

Beim Lesen eines großen Textblocks leistet das Auge gigantische Arbeit.

Zeilenwechsel am Zeilenende beim Lesen in einem seitenlangen Textblock im Format DIN A 5 oder größer enden zu oft in der falschen Folgezeile.

In kurzen Textblöcken von nur zwei bis fünf Zeilen ist die Verwechslung optisch gar nicht möglich, denn das Auge kann bis zu fünf Objekte ohne Zählen unterscheiden.

Zeitungen wählen schmale Textspalten, weil damit Zeilenwechselfehler beim Lesen verhindert werden.

---

57 Lied und Text von Kristina Bach, gesungen von Helene Fischer

58 So enthält das bereits genannte wissenschaftliche Buch 'Lernen, Erinnern, Vergessen' von Jürgen Bredenkamp viele seitengroße Textblöcke, absatzlos, Zeichen an Zeichen (z. B. S. 13, 28, 34, 45, 46, 49, 62, ...). Dieses lesenswerte Buch spart Papier, verbraucht unnötig Konzentration durch schwere Lesbarkeit.

Wenn der bisherige Absatz das neue Satzende ist, braucht es für den neuen Absatz ein neues Zeichen, das noch deutlicher als der alte Absatz ist.

Wir haben uns hier für ein grafisches Ornament entschieden, das selbstverständlich durch jedes andere Ornament[59] ersetzt werden kann:

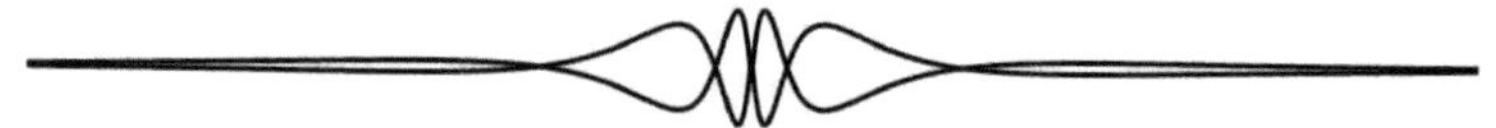

Lese-Erleichterung als Ziel führt uns auch zum nächsten Vorschlag:

Vorschlag 6: Lange Tabellen sollten so gestaltet sein, dass nach je fünf Zeilen eine Zahlenzeile eingefügt ist, aus der man die momentane Nummer einer Zeile ohne Bildverschiebung ersieht.

Der folgende Tabellenausschnitt[60] eines Ländervergleichs der Alphabetisierung gibt in der zweiten Spalte die Alphabetisierungsquote an in Prozent und in der dritten Spalte die Differenz "weiblich-männlich" in Prozentpunkten.

-10.6 bei Ghana bedeutet, dass nur 76.6 - 10.6 = 66.0 Prozent der Frauen in Ghana alphabetisiert sind.

Die Zahl ------40------ unter Ghana bedeutet, dass Ghana der 40. Eintrag in der gesamten Tabelle ist.

Es fällt auf, dass der Differenzwert für Frauen in der 44. Zeile (Guinea-Bissau) und in der 49. Zeile (Indien) sehr hoch ist und dass in Honduras mehr Frauen lesen können als Männer.

---

59 Das Buch 'Graphic Ornaments 1900', Amsterdam 1995, zeigt 3000 schöne Ornamente, die um 1900 geschaffen wurden. Sie können beispielsweise für Markierungen der neuen Absätze verwendet werden. Da Spiegelungen (S. 32) lernökonomisch sind, verwenden wir den Graph der Funktion 0.6 e^(-0.5 x)*cos(4/(x+0.5)) mit vertikalen und horizontalen Spiegelungen als Absatz-Ornament.

60 Zahlen aus 'The World Factbook' der CIA, meist datiert auf 2015.
Ein Ländervergleich der Algorithmisierung wäre ebenso aufschlussreich.

Durch die Aufteilung der riesigen Tabelle von 178 Einträgen in Fünferblöcke fällt das Lesen und Vergleichen leichter.

Ghana	76.6	-10.6
-------40------		
Griechenland	97.7	-1.6
Guatemala	79.3	-10.3
Guinea	30.4	-15.3
Guinea-Bissau	59.9	-23.5
Guyana	88.5	2.6
-------45------		
Haiti	60.7	-7.0
Honduras	88.5	0.2
Hongkong	99.9	0.0
Indien	71.2	-20.7
Indonesien	93.9	-4.8
-------50------		

Bei Sortierung nach einer anderen Spalte ändert sich die Reihenfolge und die Fünferblöcke ergeben jetzt eine Rangfolge, obwohl es keine Rangspalte gibt.

Die ohnehin ermüdenden, gleichförmigen Daten werden nicht unnötig durch eine weitere Rangspalte vermehrt, und man kann trotzdem den Rang ablesen.

Vorschlag 7: Tabellen sollten so organisiert sein, dass sie nach jeder Spalte sortiert werden können.

Viele Tabellen in Wikipedia wirken als Wissensbremse, weil sie nicht sortierbar sind, als wäre Wikipedia ein starres Buch.

Die Autoren dieser Fix-Tabellen haben Schwierigkeiten, sich von den Paradigmen des gedruckten Buches zu lösen, sie nutzen die informatischen Möglichkeiten Tabellen interaktiv zu machen zu wenig.

Vorschlag 8: Lange Tabellen sollten so organisiert sein, dass Einzelwerte ohne Scrollen entnommen werden können.

Die Tabelle der "Länder, Flächen, Einwohnerzahlen" im Notizbuch hat 240 Einträge (Zeilen).

Um die Zahlen für die Niederlande zu bekommen, darf man nicht bis "N" herunterscrollen müssen.

Im Notizbuch genügt es, "Niederlande" in das große Eingabefeld zu bringen (durch Klick oder teilweises Tippen), wodurch automatisch ein Suchlauf in dieser Tabelle gestartet wird, der herausfindet, dass "niederl" in der Tabelle vorkommt.

Daraufhin wird als einer der obersten Datensätze der Hauptdatensatz "Länder, Flächen, Einwohnerzahlen" angezeigt, dessen [mehr]-Ende angeklickt diesen Bildanfang ergibt:

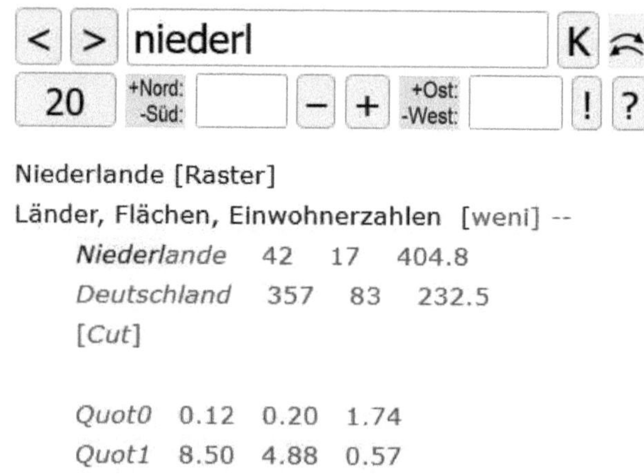

In den zwei ersten blauen Zeilen erkennt man Zahlen für die Niederlande und zum automatischen Vergleich für Deutschland.

Man entnimmt der Reihenfolge in der Überschrift "Länder, Flächen,

Einwohnerzahlen", dass die Niederlande die Fläche "42" haben, Deutschland hat "357".

Die Einheit ist weiter unten im eigentlichen Tabellenkopf sichtbar; nach einigen Aufrufen von Länderzahlen weiß man die Einheit Tkm^2 (in Tausend Quadratkilometer).

Ohne weitere Eingabe sind darunter die Quotienten berechnet: 42/357 = 0.12, 357/42 = 8.50 .

Deshalb weiß man, die Fläche der Niederlande ist nur ca. 12 Prozent der Fläche der Bundesrepublik, oder: Deutschland ist 8.5 Mal größer als die Niederlande.

In der dritten Spalte folgen die Zahlen und Quotienten für die Einwohner; in der vierten Spalte stehen die Bevölkerungsdichten.

Mit nur einer kurzen Eingabe "niederl" habe ich einen Ländervergleich Niederlande/Deutschland, dem ich z. B. ohne zu rechnen entnehme, dass die Bevölkerungsdichte in den Niederlanden 74 Prozent höher als in Deutschland ist.

In der Tabelle "Länder, Flächen, Einwohnerzahlen" mit 240 Zeilen stehen die Zahlen für zwei Länder wahrscheinlich so weit auseinander, dass ich nicht beide direkt vergleichen kann.

Es macht überhaupt keinen Spaß, sich die Zahlen eines Landes zu merken, zum anderen Land zu scrollen und mit dessen Daten zu vergleichen.

Prozentzahlen habe ich dann immer noch nicht.

Weil dieser Ländervergleich mit den üblichen digitalen Quellen so aufwendig ist, unterbleibt er häufig.

Dadurch habe ich eine völlig unzureichende Vorstellung anderer Länder.

Durch geeignete Programmierung von → Textoperatoren ist es im → Notizbuch gelungen, jedes beliebige Land in drei wichtigen Kennzahlen mit

Deutschland zu vergleichen, indem nur ein Teil des Ländernamens eingetippt wird.

Das leistet kein gedrucktes Buch, das sollten viele lange, digitale Tabellen können.

Das Notizbuch ist mit seinen 20 000 Textoperatoren nicht nur eine Sprache (S. 45) aus klickbaren, gewöhnlichen Wörtern, sondern hat implizit einige höhere Funktionen eingebaut.

Um die Niederlande mit Botswana zu vergleichen, gibt man "niederl|bots" ein (Niederlande oder Botswana).

Im obigen Bild auf [Raster] hinter Niederlande geklickt zeigt mir eine Rasterkarte mit den 9 roten Plantrapezen der Niederlande, mit der ich weitere Erkundungen per Klick starten kann.

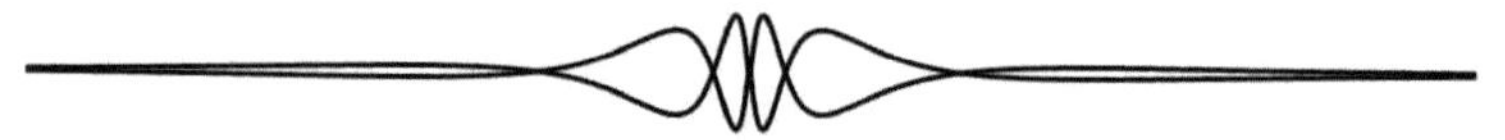

Die Liste der Präsidenten der USA ist so lang, dass man sich die Nummern nicht einfach merken kann, und sie ist so kurz, dass man sie mit dem → Major-System lernen kann.

[*Sort0*⇅] [*Sort1*⇅] [*Sort2*⇅]
[*Frag0*] [*Frag1*] [*Frag2*]

1. *Washington 1789:1797* •• *Versuchstaten*
2. *Adams*, John *1797:1801*
3. *Jefferson 1801:1809* •• *Versuchstaten*
4. *Madison 1809:1817* •• *Versuchstaten*
5. *Monroe 1817:1825* •• *Versuchstaten*
6. *Adams*, John Quincy *1825:1829*
7. *Jackson 1829:1837* •• *Versuchstaten*
8. *Van Buren 1837:1841*

In obiger Form ist die Liste schwer lernbar: Zunächst steht da die Nummer der Präsidentschaft, der Name des Präsidenten und seine Präsidialzeit.

Erfolglose Anschläge auf Gesundheit oder Leben sind dahinter vermerkt, ebenso (tödliche) Attentate.

Klickt man mehrmals auf [Frag2], wird die Tabelle umgestaltet, indem die Zeilen durcheinandergewirbelt werden und jede Zeile in vier Zeilen aufgeteilt wird.

In der ersten Zeile steht die Regierungszeit als Frage, dann folgt eine Stopp-Raute, in der nächsten Zeile die Nummer der Präsidentschaft, in der vierten Zeile der Name des Präsidenten.

Durch stückweises Nachobenschieben der Tabelle kann man nun die Antworten (Zeilen 3 und 4) zunächst versteckt halten und erst aufdecken, nachdem man versucht hat, sie aus dem Langzeitgedächtnis zu holen.

Auf diese Weise wird Lernen zum Spiel.

Klick auf [Frag1] liefert den Namen des Präsidenten als Frage und verdeckt zunächst die Nummer und die Regierungszeit.

Klick auf [Frag0] zeigt zunächst die Nummer der Präsidentschaft und verdeckt Name und Regierungszeit.

Jeder weitere Klick auf ein [Frag] erzeugt eine neue zufällige Reihenfolge der Fragen.

Diese digitale Methode kann auch zum Lernen von Vokabeln angewendet werden, die in Tabellen nach Lektionen angeordnet sind.

Eine Fremdsprache kann man nicht, solange man nicht mehrere Tausend Vokabeln, viele idiomatischen Redewendungen und etwas Grammatik kennt.

Hier weist das Notizbuch, der Prototyp eines Textoms, weit über Orte, Personen, Geschichte hinaus.

Paradigma 9: Je mehr Wissen im Langzeitgedächtnis vorhanden ist, desto mehr passt noch hinein.

Es ist völlig falsch, sich das Langzeitgedächtnis als Fass (S. 65) vorzustellen, das überlaufen kann.

Je mehr Anknüpfungspunkte im Langzeitgedächtnis bereits vorhanden sind, umso leichter lässt sich neues Wissen festhalten.

Das Lernen von Listen verstopft nicht das Gedächtnis sondern vergrößert es.

Eine gelernte Fremdsprache kann man sich als ungeordnete Liste von Tausenden von Fremdwörtern vorstellen, die unseren Horizont erweitert und keineswegs beschränkt.

Paradigma 10: Präzisionswahn verhindert Orientierungswissen.

Koordinaten nur mit vielen Nachkommastellen (auf S. 72 ausgeführt) anzugeben verhindert die Darstellung mit kompakten Weltleitzahlen und damit das Einprägen der ungefähren, ausreichend genauen Ortsangabe auf dem Globus.

Indem wir den Begriff → Weltleitzahlen dafür geprägt haben, besteht die Aussicht, historische und gegenwärtige Orte durch den Vermerk ihrer Weltleitzahlen leichter lokalisierbar zu machen.

Die Hauptstadt Tegucigalpa sollte bei der ersten Nennung in einer Veröffentlichung mit "Tegucigalpa [14 -087]" markiert werden.

Sobald das üblich wird, "lohnt" sich das Einprägen einiger (vieler) Weltleitzahlen, weil man damit weiß, in der Nähe welcher Orte Tegucigalpa liegt.

Im Wikipedia-Artikel "Stawropol" steht: "*Die Stadt liegt auf dem 45. Breitengrad, was dem von Mailand oder Lyon entspricht*".

Der 45. Breitengrad ist auf jeder Karte dieser Erde extrem dünn gezeichnet und geht weder durch Mailand (45.47°) noch durch Lyon (45.75°), weshalb "Breitengrad" in diesem Zusammenhang deplatziert ist.

Mailands Zentrum liegt im 45. Breiten**streifen** (45° ± 0.5°), Lyon liegt dem 46. Breitengrad am nächsten, also im 46. Breiten**streifen** (46° ± 0.5°), weshalb wir Breitenstreifen empfehlen.

Jeder Breitengrad ist Null Kilometer dünn, eine gedachte Linie; keine Stadt liegt auf einer unendlich dünnen Linie; kein Breitengrad ist 111 Kilometer dick; so dick ist jeder Breitenstreifen, inkl. Äquatorstreifen (0° ± 0.5°).

Vorschlag 11: Man gehe in der Normung dazu über, Dezimalpunkt statt Dezimalkomma zu verwenden, weil die angelsächsische Notation in Geräten, Programmiersprachen, Internet-Tabellen, usw. die deutsche Insel-Lösung bei weitem überwiegt.

Jeder Taschenrechner arbeitet voreingestellt mit Dezimalpunkt statt Dezimalkomma; mir ist kein triftiger Grund bekannt, beim Übergang zur Notation in Dokumenten den Dezimalpunkt mit Dezimalkomma zu ersetzen.

Das Dezimalkomma beizubehalten ist vergleichbar mit der Beibehaltung des Klafters und der Ablehnung der Längeneinheit Meter.

Vorschlag 12: Die Idee des Textoms kann durch professionelle Programmierer, Geografen, Historiker zu einem fundierten Lerntool ausgebaut werden, das interessanter als ein Lehrbuch ist.

Die Datenbank-Idee ist vieltausendfach programmiert worden, jedoch immer mit der Bedingung, die Datenbasis riesig machen zu können und dennoch schnell etwas zu finden.

Daraus folgt sofort, dass der gesamte Datenbestand zentral abgespeichert wird und am Ort, wo abgefragt wird, immer nur winzige Teile der Daten ankommen.

Der Datenbestand ist ein Schatz, den man in kleinen Portionen an viele Menschen verkaufen kann, wobei der Schatz nicht kleiner wird.

Selbst wenn der Zugang wie bei Wikipedia kostenlos ist, wird es mit wachsendem Datenbestand immer aufwändiger, Orientierungsdaten statt Spezialdaten zu finden.

So listet die Wikipedia mehr als 300 verschiedene "Heinrich", von denen die allermeisten nur Historiker interessieren dürften.

In dieser Liste **nicht** enthalten sind Tausende (!) Vornamen-Heinrich wie Heinrich von Kleist, Heinrich Heine oder Heinrich Schliemann.

Um sich vor dem Ertrinken in der Datenflut zu retten, taucht man da doch gar nicht erst ein.

Das → Textom liefert eine Liste von 61 "Heinrich", die gerade noch überschaubar und per Klick selektierbar ist.

Vorschlag 13: Die Unterstützung beim Lernen von Basisfakten sollte weitgehend den Maschinen überlassen werden, während Lehrkräfte sich um die höheren Lernziele kümmern.

Die höheren Lernziele (Taxonomie S. 10) sind autodidaktisch nicht für jede und jeden leicht erreichbar, weshalb die knappe Ressource Lehrkraft besser dafür eingesetzt wird als für das einfache assoziative Lernen, auf dem die höheren Lernstufen aufbauen.

Glossar

Wir führen mit diesem Buch eine Menge neuer Konzepte ein, und dafür sind auch Sonderzeichen, neue Wörter oder → Umdeutungen oder Präzisierungen bekannter Wörter notwendig.

"Mem ist hier" weist darauf hin, dass "Mem" nur hier in diesem Buch (und im → Notizbuch) die dann folgende (spezielle) Bedeutung hat.

Metazeichen, Buttons, Zahlen --

Plus-Button

Bei Zahl(en) im großen Eingabefeld (S. 40, 122) oder in einem kleinen Eingabefeld bewirkt Klick auf den Plus-Button die Erhöhung der Zahl um eins (bei mehreren Zahlen der ersten Zahl).

Steht lediglich Text im großen Eingabefeld, startet Klick auf den Plus-Button eine Suche über alle Hauptdatensätze **und** die [mehr]-Abschnitte, was eventuell viel mehr Treffer, also eine längere Liste ergeben kann.

Vertauschungs-Button

Vertauscht zwei Zahlen im großen Eingabefeld; dadurch kann die andere Zahl mit dem Plus-Button aufwandslos erhöht werden, ohne erneute Zahleneingabe mit virtueller Tastatur auf dem Tablet, denn der Plus-Button erhöht nur die erste Zahl im Eingabefeld.

! **Ausrufezeichen-Button, Cut-Button**

Die Eingabe "wolf" liefert nicht nur Personen mit dem Nachnamen Wolf, sondern auch alle "Wolfgang".

Um nur die Wölfe gelistet zu bekommen, gibt man "wolf!" ein oder klickt nach Eingabe von "wolf" auf den Ausrufezeichen-Button.

"wolf!" reduziert die von "wolf" erzeugte Liste von 24 Hauptdatensätzen auf drei.

Das Ausrufezeichen steht also nicht für sich, sondern ist ein → Metazeichen (ein Zeichen mit Funktion), nach dem im → Notizbuch nicht gesucht werden kann.

? **Fragezeichen-Button**

Das Fragezeichen (eingetippt oder per Button ergänzt) dient dazu, Bedienungshilfen des Notizbuches angezeigt zu bekommen.

Mit der Eingabe "Button?" kann man sich über die Funktionen der Buttons des → Notizbuches informieren.

Es gibt etwa 100 Hilfethemen, gekennzeichnet durch violette Schriftfarbe.

.. oder ... oder :: oder ::. oder ::: ist bei einem Hauptdatensatz die Anzeige, wie viele → Hauptdatensätze miteinander zahlenmäßig verwandt sind und deshalb leichter einzuprägen sind.

.. bedeutet, dass es **zwei** Hauptdatensätze gibt, die beide den gleichen → 2-2-Rest haben.

::: bedeutet, dass dies einer der **sechs** Hauptdatensätze ist, die den gleichen 2-2-Rest haben.

&-Textoperator, angefügt an Worte oder Zahlen im großen Eingabefeld, ergänzt gelistete Hauptdatensätze von Orten mit genaueren Koordinaten im Gradnetz der Erde.

So wird mit "qued&" statt "qued" die grobe Angabe "52 011 Quedlinburg" ergänzt durch die genaueren Werte "eee 51.7917 011.1472" .

Ein Klick auf "eee" (Tastenkurzform für "Entfernung") liefert alle 15 gespeicherten Orte im Umviereck der genauen Koordinaten von Quedlinburg ±1 Grad mit Entfernungsangabe in km zu Quedlinburg.

Erweitert man "eee", das dann im großen Eingabefeld steht, auf "eee2", erhält man die Orte ± 2 Grad Nord/Ost/Süd/West und kann sich so ein genaueres Bild der Lage von Quedlinburg in Bezug auf andere Orte machen, als es die grobe Rasterkarte erlaubt.

In "eee2" von Quedlinburg liegen 40 Orte.

2-2-Rest (lies: Zwei-Zwei-Rest) ist eine Kombination von zwei zweistelligen Zahlen, die durch ein Hochkomma verbunden sind. Diese Zahlen sind die hinteren beiden Stellen eventuell größerer Zahlen.

49'32 ist der 2-2-Rest von **1749:1832** (Goethe's Lebenseckdaten)

38'22 ist der 2-2-Rest von **38 -122** (Weltleitzahlen San Francisco)

13'08 ist der 2-2-Rest von **13 -008** (→ Weltleitzahlen Bamako)

Der 2-2-Rest ist der schwierigste zu lernende Teil von zwei Jahreszahlen oder zwei Koordinaten.

Bei Koordinaten können zum 2-2-Rest höchstens noch Minuszeichen und eine 1 dazukommen, bei Jahreszahlen hat man ein Gefühl für das Jahrhundert; das Jahrhundert muss meist nicht extra gelernt werden.

2-2-Reste erlauben es auch, Personen mit Orten zu verknüpfen; so verknüpft der 2-2-Rest **17'34** die Orte **Me**roe, **Pa**lm Springs, **Ri**verside, **San** Bernadino und die Namen Edgar **De**gas und Roman **He**rzog über das → Zauberwort **MePaRiSanDeHe**.

Die zugehörigen Koordinaten und Lebenseckdaten lassen sich aus dem 2-2-Rest **17'34** leicht bilden.

Personen und Orte mit gleichem 2-2-Rest heißen restgleich oder restverwandt.

A --

B --

Browser Chrome von Google ist der Browser, mit dem das → Notizbuch auf Tablet, Android-Smartphone und Desktop getestet wurde.

Es soll nur gezeigt werden, dass ein → Textom überhaupt programmierbar und nützlich ist, dafür genügt ein Browser.

C --

Chunk (englisch: Bissen, Happen) ist ein Informationshappen, der im Gedächtnis gespeichert und abgerufen werden kann.

"5739826" sind 7 Chunks, weil keine Ziffer ergänzt werden kann, wenn sie unleserlich wird.

"Klarinette" ist 1 Chunk, weil das Wort **eine** klare Vorstellung produziert und das Wort repariert werden kann, wenn einzelne Buchstaben unleserlich sind.

D --

E --

Entfernungen sind ein wichtiges Mittel zur Vorstellung der gegenseitigen Lage von Orten und helfen so beim Einprägen.

Deshalb können Entfernungen mit dem Notizbuch leicht und ohne schwierige Rechnung ermittelt werden.

Die Rasterkarten geben grobe Entfernungen über die Rasterpunkte vor, die in Nord-Süd-Richtung immer einen Abstand von ca. 111 km zum nächstmöglichen Rasterpunkt haben.

Von zwei Orten am Anfang von Listen werden automatisch Entfernungen berechnet und als "Luftlinie" angezeigt.

Mit Luftlinie ist die Entfernung auf der → Orthodrome gemeint; das ist der Großkreis, auf dem die beiden Orte liegen.

Wenn man von Athen nach San Francisco fliegt (beide im 38-Grad-Breitenstreifen), fliegt man über Grönland auf der Orthodrome, weil der Weg auf dem Breitenstreifen viel länger ist.

Die Eingabe "par|lon" genügt, um die beiden Städte London und Paris an den Anfang der Liste zu bekommen und damit ihre Luftlinienentfernung zu sehen.

Denkt man sich von London (erster Ort in der Liste) eine Linie nach Norden gezogen und eine weitere Linie vom ersten Ort zum zweiten in der Liste, so hat man hinter der Luftlinienentfernung automatisch auch noch den Kurs im Uhrzeigersinn stehen (149° in diesem Beispiel).

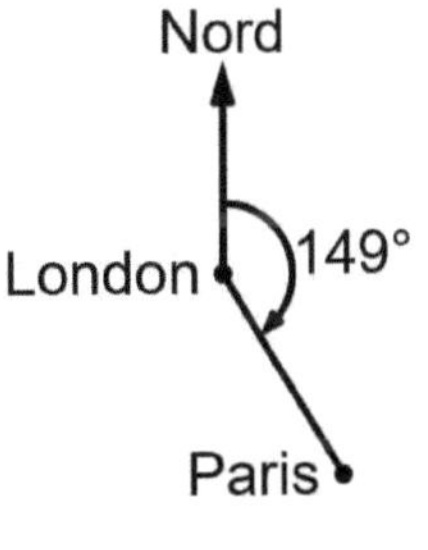

→ &-Textoperator, → K-Button, → Kurs

F ---

Frage und Antwort dürfen nicht gleichzeitig sichtbar sein, um Lernen und Abruf aus dem Langzeitgedächtnis zu ermöglichen.

Wer fremdsprachliche Lehrbücher herstellt, in denen zu lernende Vokabellisten so gedruckt sind, dass in einer Zeile Wort **und** Bedeutung (Details S. 57) stehen, will vermeiden, dass die Vokabeln gelernt werden.

Fremdwort und deutsche Bedeutung sollten so untereinander stehen, dass mit einem undurchsichtigen Schieber die Bedeutung zunächst abgedeckt werden kann, um in Eigenzeit die Bedeutung aus dem Langzeitgedächtnis holen zu können, **bevor** das Auge zur Kontrolle die Bedeutung sieht.

Um nicht zu weit zu schieben, muss je ein markantes Stopp-Zeichen ♦ zwischen Fremdwortzeile(n) und Bedeutungszeile(n) vorhanden sein.

Wenn solche Leichtlernhefte sehr schmal sind, kann der Lernschieber[61] (Bankkarte genügt) gleichmäßig am Falz entlang geführt werden .

box
♦
Schachtel
----
to become
♦
werden
----
the ball is in your court
♦
du bist dran
----
animal
♦
Tier

G --

ggg steht im Notizbuch für alle 550 Hauptdatensätze zu geschichtlichen Ereignissen und Epochen.

Diese Notation **ggg** wurde gewählt, weil sie nicht als Anfang von Worten der deutschen Sprache vorkommt und extrem schnell eingetippt werden kann.

Die Notation ist mächtig, weil sie eingegeben 550 historische Ereignisse listet und in dieser scrollbaren Liste mehr als 4000 Items klickbar sind und damit zu neuen Listen führen.

61 Deutsche Gebrauchsmusteranmeldung 20 2005 011 705

H --

Hauptdatensatz ist ein Datensatz des → Notizbuches, der mit Zahlen und Symbolen knapp Eigenschaften eines Ortes, einer Person, eines geschichtlichen Ereignisses ausdrückt, damit viele solche Hauptdatensätze untereinander gelistet (und angeklickt) werden können.

Dadurch ergibt sich ein vieldimensionaler Zugang zu den Daten.

Der Hauptdatensatz von Enid Blyton sieht so aus:

70f Blyton, Enid° Mary 1897:1968 »« ... 97'68 [mehr]

Die Angaben sind formal; zuerst das erreichte Alter (70 oder 71 Jahre, f = folgend), Nachname, Rufname mit ° markiert, ein weiterer Vorname, Geburtsjahr, Sterbejahr, dann der Zeitgenossen-Operator » « , drei Punkte ... , die anzeigen, dass 97 und 68 als Endziffern bei zwei weiteren Hauptdatensätzen vorkommen, der 2-2-Rest 97'68, um mit Klick darauf alle drei anzuzeigen, und zum Schluss der [mehr]-Operator.

Erst wenn wir auf [mehr] klicken, wird der ganze Datensatz auf dem Bildschirm gezeigt, nämlich noch ein Abschnitt in blauem Fließtext über die kommerziell äußerst erfolgreiche Jugendbuchautorin Enid Blyton.

Nicht alle Hauptdatensätze von Personen haben einen [mehr]-Abschnitt, alle Hauptdatensätze von Orten haben keinen [mehr]-Abschnitt, weil sie sehr aufwändig zu erstellen sind, das → Notizbuch jedoch nur ein Prototyp ist.

hhh nach einer Jahreszahl eingetippt listet historische Epochen, in die diese Jahreszahl fällt.

Diese Notation **hhh** wurde gewählt, weil sie nicht als Anfang von Worten der deutschen Sprache vorkommt und extrem schnell eingetippt werden kann.

liefert beispielsweise das Kalifat der Abbasiden 750:1258, die Deutsche Hanse 1157:1650, das Inkareich 1200:1535, den Albigenserkreuzzug 1209:1229, die Alte Eidgenossenschaft 1291:1798, insgesamt 23 Epochen.

I --

J --

K --

Karte von OpenStreetMap

Steht "edi" im großen Eingabefeld des Notizbuches, wird in der Liste als erster Datensatz "Edinburgh" ausgegeben.

Ein Klick auf den K-Button öffnet in einem neuen Browser-Tab die OpenStreetMap mit Edinburgh im Zentrum.

Mit nur wenigen Buchstaben Eingabe kann kontrolliert werden, ob die erste Stadt in der Liste die gewünschte ist.

Ein brauner Rahmen zeigt die Grenzen des Plantrapezes [56 -003] von Edinburgh an, während ein roter Marker direkt auf Edinburgh in der OpenStreetMap zeigt.

Bei aufeinanderfolgenden Klicks auf verschiedene Kartenpositionen werden die Koordinaten der letzten beiden Klicks angezeigt und die Luftlinien-Entfernung (km) zwischen ihnen.

Von den letzten drei geklickten Orten wird die Dreiecksfläche berechnet (km²).

Die → Rasterkarte des Notizbuches genügt für die schnelle und grobe Orientierung offline, der K-Button holt aus dem Internet die zoombare Karte mit unzähligen Details in einen neuen Tab.

Kompression ist eine wichtige Mnemotechnik, weil das Gedächtnis kleine Happen (→ Chunk) leichter behalten kann als lange.

HoDaKaRo ist eine Kompression des langen Strings "Thomas **Ho**pe, John **Da**lton, Wassily **Ka**ndinsky und Romain **Ro**lland", die viel leichter zu lernen ist als der lange String.

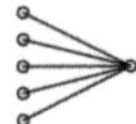

Im Durchschnitt ist die Kompression im → Notizbuch fünffach.

Das Gedächtnis kann die Expansion von **HoDaKaRo** in den langen String mit einiger Übung leisten.

Gemeinsam ist den vier Personen, dass die letzten beiden Ziffern ihrer → Lebenseckdaten 66 und 44 sind (→ 2-2-Rest).

Durch Lernen eines Zauberworts **HoDaKaRo** und des zugehörigen → 2-2-Restes lässt sich der "Profit" ungefähr verfünffachen.

"Thomas **Ho**pe 1766:1844, John **Da**lton 1766:1844, Wassily **Ka**ndinsky 1866:1944, Romain **Ro**lland 1866:1944" ist mehr als fünf Mal länger als "**HoDaKaRo 44'66**".

KuMiLa ist ein Akronym für **Ku**rzfristig – **Mi**ttelfristig – **La**ngfristig.

Viele Entscheidungen werden durch KuMiLa bestimmt.

Es wäre gut, wenn ich für die am Monatsende abzuliefernde Hausarbeit Tastschreiben könnte.

Aber ich habe nicht genügend Zeit bis zum Abgabetermin, also tippe ich im Zweifinger-Such-und-Hacksystem das Zeug ein, mit dauerndem, ermüdendem Blickwechsel zwischen Vorlage und Bildschirm.

Das **langfristig** (für Jahrzehnte) enorm nützliche Tastschreiben ist **kurzfristig** nicht erlernbar, also unterlasse ich es.

Der Lernaufwand von Wochen oder Monaten ist **mittelfristig** und eigentlich nicht hoch, nach der Abgabe der Hausarbeit ist der Druck Tastschreiben zu lernen weg, und ich unterlasse es.

Von solchen Erwägungen sind viele unserer Entscheidungen abhängig, insbesondere auch Entscheidungen, ob etwas gelernt werden soll oder nicht.

Dabei wird oft zugunsten des **kurzfristig**en Nutzens und **langfristig**en Schadens entschieden.

Die Zusammenfassung zu einem Kunstwort KuMiLa gibt uns **einen** Begriff für die Bewältigung dieser häufigen Problematik.

Der deutsche Staat glaubt, dass Kinder und Jugendliche diese Problematik nicht bewältigen können und zwingt sie – entgegen der Grundrechte – zu zehnjährigem Schulbesuch, weil der lebenslange Nutzen die **kurz**- und **mittelfristig**en Einschränkungen bei weitem überwiegt.

Kurs, Winkel zwischen Nordrichtung und Verbindungslinie zweier Orte mit → Entfernung kleiner 1000 km wird automatisch berechnet.

Kurzschrift von Hand verkürzt den Schreibvorgang mindestens mit Faktor fünf, hat jedoch den Nachteil, dass sie schwer lesbar, schwer expandierbar ist.

Kurzschrift mit der Tastatur kann durch den Computer automatisch expandiert werden, macht aus Wortanfängen ganze Wörter, wenn jeder weiter eingegebene Buchstabe unmittelbar eine Suche auslöst und den Antwortbereich verringert.

Im → Notizbuch wird versucht, langsame Eingabe per Tastatur durch Klick auf momentan sichtbare Wörter, Zahlen, Symbole zu vermeiden, um Anfragen an die Datenbasis zu vervielfachen.

Wenn die Datenbasis "richtiges" Wissen enthält, korrigieren und erweitern diese häufigen Anfragen das Wissen im Gehirn.

L ---

Längenstreifen (Skizze rechts) ist ein ganzzahliger Längengrad L auf dem Globus zusammen mit dem ganzen Gebiet 0.5° nach West von L (inklusive) bis 0.5° nach Ost von L (exklusive).

Der Längenstreifen 010 geht vom Süd- zum Nordpol und von 10° Ost - 0.5° bis 10° Ost + 0.5°, ist am Äquator ca. 111 km breit und sonst schmaler (s. Tabelle S. 96).

Ein Längenstreifen wird hier immer mit 3 Ziffern (und eventuell einem Minuszeichen davor) dargestellt.

Über die → Weltleitzahlen lässt sich die ungefähre Lage von Tausenden von Orten auf dem Globus extrem kurz darstellen.

Lebenseckdaten sind das Geburtsjahr und das Sterbejahr einer historischen Person, z. B. sind **1749:1832** die Lebenseckdaten für Goethe.

Äq.

Wenn man weiß, dass Goethe zwischen 1700 und 1800 geboren ist, braucht man sich nur noch den → 2-2-Rest **49'32** zu merken, um die Lebenseckdaten vollständig rekonstruieren zu können, denn Goethe kann nicht 1732 geboren und 1749 gestorben sein, auch sehr wahrscheinlich nicht 1849 gestorben sein (bei Geburt in 1732).

Mit dem Major-Code (S. 73) reduziert sich der 2-2-Rest 49'32 zu **Raupenmann**, macht Goethe zu einem Mann, der eine Raupe auf dem Kopf hat, womit die Lebenseckdaten leicht erinnert werden können.

Lerngewohnheit statt Schnell-Lernen, denn außerhalb von Schulen gibt es niemand, der einen zum Lernen antreibt.

Lebensbegleitendes Lernen funktioniert nur, wenn man ohne äußeren Zwang lernt.

Dazu muss Lernen angenehm sein, es sollte Erfolgserlebnisse geben, und weil der Mensch ein Gewohnheitstier ist, macht man Lernen am besten zur täglichen Gewohnheit.

Mit einem → Textom auf dem Tablet wird man nicht gegängelt, kann täglich unter Tausenden von Stoffen auswählen, was man besser lernen möchte.

Der Schulzwang, zu einem bestimmten Termin die Vokabeln einer Lektion zu beherrschen, bewirkt einen zu späten Lernbeginn, wodurch die Vokabeln nur im Arbeitsgedächtnis, nicht aber im Langzeitgedächtnis landen und direkt nach dem Test (oder schon während des Tests) vergessen werden.

Dabei wird langfristig nur gelernt: Lernen ist Frustration, vermeide Lernen möglichst oft.

M --

Majorsystem ist ein Gedankensystem, um sich Zahlen (z.B. Jahreszahlen, Ordnungszahlen, Koordinaten) über zugeordnete Bilder leichter einprägen zu können (S. 73).

Jeder Ziffer wird ein phonetischer Konsonant zugeordnet, aus jeder zweistelligen Zahl werden zwei Konsonanten, die man so mit Vokalen umgeben kann, dass Wörter für Bilder entstehen:

1 = t, 6 = sch oder ch, damit ist möglich: 16 = tsch = tasche.

2 = n, 9 = b oder p, 29 = nb = nabe oder nebel.

Über das Majorsystem (von 00 bis 99) gibt es im Internet viele Beiträge, über die man sich ein persönliches (lieber Nabe oder lieber Nebel für 29 merken?) Majorsystem zurechtlegen kann, um sehr schnell und sicher von einer zweistelligen Zahl auf ein leicht merkbares Bild und zurück zu kommen.

Das bekannte Majorsystem ist grundlegende Merktechnik auch für dieses Buch und das zugehörige → Notizbuch.

[mehr]-Abschnitt ist ein Fließtext auf Tablet/Smartphone, der bei Klick auf [mehr] erscheint.

Meist handelt es sich um einen biografischen Text oder eine Erläuterung zu einer geschichtlichen Epoche oder um eine Tabelle.

Der [mehr]-Verweis steht hinten an einem knappen → Hauptdatensatz, damit viele Hauptdatensätze untereinander gelistet werden können.

Mem ist hier ein → **Z**auberwort mit zugehörigem → 2-2-Rest.

Das Mem **BreGaLiRö 53'09** kann expandiert werden zu

Bremen	**53 009**
Galway	**53 -009**
Limerick	**53 -009**
Römische Königsherrschaft	-7**53**:-5**09**.

Metazeichen im → Notizbuch sind Zeichen, die bei Eingabe nicht für sich stehen, sondern eine andere Wirkung haben.

Ziffern und Buchstaben stehen für sich, nach ihnen wird gesucht; das @-Zeichen bedeutet "außer" und ist deshalb ein Metazeichen.

So liefert die Eingabe "wolf @wolfg" (lies: Wolf außer Wolfg) z. B. Wolf, Wolff, Wolfram, aber nicht Wolfgang.

Metazeichen im → Notizbuch sind ' , ° * ! ? : + - _ | .. ... :: ::. ::: @ »« eee kkk nnn ooo.

Um die Bedienung einfach zu halten, kann nach Metazeichen nicht gesucht werden (Maskierung wie in RegEx ist zu kompliziert).

Mhe bedeutet hier Meereshöhe, in Ermangelung eines weltweit standardisierten Begriffes im → Notizbuch für ungefähre Höhenangaben verwendet.

Normalnull (NN) ist seit 1993 in Deutschland abgelöst durch Normalhöhennull (NHN), für viele Länder gelten andere Normen.

Durch die dauernde globale Zunahme des Meerwassers (Eisschmelze) und Erwärmung der Weltmeere sind sowieso sämtliche präzisen Meereshöhenangaben immer veraltet.

Höhenangaben sind auch nicht exakt, weil durch die tägliche Flut England um mehrere Zentimeter absinkt; Skandinavien steigt um 1 cm pro Jahr an, weil der Eisdruck aus der letzten Eiszeit nicht mehr da ist; eine Hochdruckwetterlage reicht, um ein Land darunter um 5 mm abzusenken.

N --

Nomenklatur ist die Namensgebung, mit der die Objekte eines Wissensgebietes möglichst kurz und klar bezeichnet werden, um mit diesen Objekten leichter denken zu können.

Erst die Verkürzung von mathematischen Operationen auf ein Zeichen wie "+" für "plus", oder noch kürzer – ohne jedes Zeichen, "ab" für "a mal b" –, hat die Mathematik produktiver gemacht.

Je leichter die Manipulation der Objekte, desto schwieriger die Expansion des Formalismus[62] in die Umgangssprache.

Hier muss ein Mittelweg gewählt werden, der bei der chemischen Nomenklatur erfolgreich in "einbuchstabig bis zweibuchstabig" für eine Elementbezeichnung mündete.

In einem 80-köpfigen Lehrkraft-Kollegium wählt man dreibuchstabige Namenskürzungen wie Bar, Hen, Mai, Sor, Tru, weil lange

62 Hunderte mathematischer Zeichen enthalten viel Information so kompakt, dass Übersetzung in die Umgangssprache sehr länglich wäre. $\sum_{n=0}^{\infty}(-1)^n \frac{x^{2n+1}}{(2n+1)!}$?

Doppelnamen wie Landhäusser-Schnupfenthaler jedes Wochenraster in Stundenplänen sprengen würden.

Ein- bis zweibuchstabige Abkürzungen wären hier nicht zielführend, weil viele Namen mit S, Sch, St beginnen und abgekürzt für Schüler, Eltern und Lehrkräfte nicht leicht expandierbar wären.

Schon die zweibuchstabigen Abkürzungen für US-Bundesstaaten sind für Europäer schwer zuzuordnen (MA, MD, ME, MI, MN, MO, MS, MT).

In der Botanik ersetzte die binäre Notation ("zwei Wörter") von Carl von Linné einen umständlichen Satz, der die Pflanze zuvor beschrieb, und galt als umwälzende Neuerung.

In der Informatik (Sprache Python) ist es die Einrückung einer Anweisung, die anzeigt, dass die Ausführung dieser Anweisung von der nächstoberen ausgerückten Anweisung kontrolliert wird, wodurch ein paar Leerzeichen viel Bedeutung haben können, und geschachtelte Schleifen extrem kompakt dargestellt werden können.

Bei der Bildung von → Zauberwörtern hier im Notizbuch wählten wir den Mittelweg "drei bis höchstens sechs sprechbare Anfangssilben", um leichter expandieren zu können.

Notizbuch ist eine HTML-Datei im Internet unter der Adresse geiring.de/nb, in der die Vorschläge in diesem Buch realisiert sind.

Sie ist für das Tablet mit Browser Chrome und JavaScript programmiert und kann eingeschränkt auch mit Smartphone gelesen werden.

Das Notizbuch ist der Prototyp eines → Textoms und enthält Angaben über mehr als 3300 historische Personen, 550 geschichtliche Ereignisse und 1700 Orte, die extrem miteinander verlinkt sind.

Weil das Notizbuch Teile nur zeigt, wenn Sucheingaben von zwei und mehr Zeichen vorhanden sind, und weil jede Seite entsprechend der Sucheingabe neu zusammengesetzt wird, kann man eigentlich nicht von einem (starren) Buch oder von einem Dokument sprechen, sondern von einem → Textom.

O ---

ooo steht im Notizbuch für alle 1700 Hauptdatensätze von Orten, Städten, Extremorten auf dem Globus.

Diese Notation **ooo** wurde gewählt, weil sie nicht als Anfang von Worten der deutschen Sprache vorkommt und extrem schnell eingetippt werden kann.

Die Notation ist mächtig, weil sie eingegeben 1700 Orte listet und in dieser scrollbaren Liste mehr als 10 000 Items klickbar sind und damit zu neuen Listen führen.

Orthodrome ist ein Großkreis auf dem auf dem kugelförmigen Globus.

Der kürzeste Weg auf dem Globus zwischen zwei Orten liegt auf der Orthodrome durch diese zwei Punkte.

Außer dem Äquator ist kein Breitenkreis eine Orthodrome.

Jeder Kreis, auf dem ein Längengrad liegt, ist eine Orthodrome.

Das Notizbuch berechnet → Entfernungen zwischen Orten als "Luftlinie" auf der Orthodrome.

P ---

Person ist hier oft salopp reduziert auf einen Namen, der eine Person identifiziert, plus ihre → Lebenseckdaten.

Das → Notizbuch will nichts und niemand umfassend beschreiben, sondern durch Nennung von Details Impulse geben, sich mit bemerkenswerten Personen über Biografien näher zu beschäftigen.

Wenn wir unser Gedächtnis verlieren, zerfällt unsere Persönlichkeit;

wir sind und bleiben Menschen mit ihren Menschenrechten, auch wenn wir unsere engsten Mitmenschen nicht mehr erkennen.

Person, Persönlichkeit und Erinnerungsfähigkeit sind eng miteinander verwoben.

Plantrapez ist hier ein Trapez auf der gedachten Kugeloberfläche der Erde, das einen Mittelpunkt mit ganzzahligen Koordinaten hat und Grenzlinien, die ein halbes Grad vom ganzzahligen Mittelpunkt entfernt liegen.

Das Plantrapez [-23 -043] von Rio de Janeiro ist die Schnittmenge des → Breitenstreifens -23 und des → Längenstreifens -043, liegt also zwischen 23.5° Süd und 22.5° Süd und zwischen 43.5° West und 42.5° West.

Ein Planquadrat hat üblicherweise ganzzahlige Ecken; ein Plantrapez hat ein ganzzahliges Zentrum und ist deshalb viel kürzer notierbar.

Um ein herkömmliches (beliebig großes) Planquadrat zu identifizieren, sind drei Doppelkoordinaten notwendig; für ein Plantrapez, wie wir es benötigen, reicht der Mittelpunkt zur eindeutigen Festlegung.

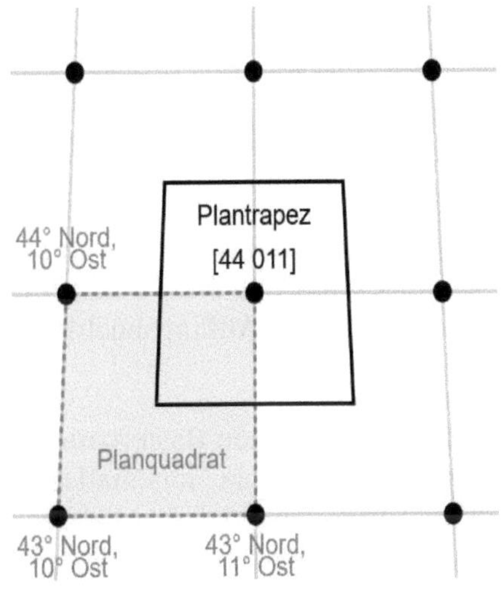

Von verschiedenen Meereshöhen im Plantrapez wird abgesehen; man kann sich das gesamte Plantrapez auf Meereshöhe vorstellen.

Die relativ unbewohnten Polgegenden nehmen wir aus und lassen als Plantrapeze nur Gebiete mit ganzzahligem Mittelpunkt und ein Grad Breite und ein Grad Höhe in einer genordeten Karte zu.

Um Verwechslungen zu vermeiden und weil die Längengrade im Nordpol und Südpol zusammenlaufen, nennen wir dieses Viereck nicht Planquadrat sondern Plantrapez.

Karten waren nicht immer genordet; die TO-Karte war geostet (nach Jerusalem orientiert); es gab auch gesüdete Karten.

Wie die Nordung von Karten sind Plantrapez und Weltleitzahlen weitere Standardisierungen zur Vereinfachung der Lokalisierung.

Plus-Button → Sonderzeichen-Bereich am Anfang des Glossars (S. 129).

Q --

R --

Rasterkarte ist hier die vereinfachte Landkarte, die durch Klick auf [u] hinter jedem der ca. 1700 Orte im → Notizbuch erscheint.

Die Rasterkarte ist (veränderbar) auf 15 × 15 Rasterpunkte (Bsp. S. 16) angelegt mit Mittelpunkt des geklicken Ortes.

Wenn es für einen Rasterpunkt und das zugehörige → Plantrapez einen Ort im Datenbestand des → Notizbuches gibt, wird statt des Punktes im Raster der große Anfangsbuchstabe des Ortes geschrieben.

Jede der Tausende von möglichen Rasterkarten stellt einen Ausschnitt von 15° × 15° der Erdoberfläche schematisch dar, was jeweils eine Fläche von maximal 1666 km × 1666 km abdeckt.

Weil die Rasterkarte (z. B. S. 17) nicht zoombar ist, bekommt man eine Vorstellung von den wirklichen Entfernungen auf dem Globus.

Eines der 310 "Gebiete", wie Nil, Ghana, Grand-Est, Afar-Senke, Eritrea, Lop Nor, Oregon, ..., kann rot gefärbt werden ohne den Rest zu ändern, indem man unterhalb der Rasterkarte den Namen dafür anklickt.

Die Abbildungen auf S. 163ff geben einen Eindruck, wie eine Rasterweltkarte aussieht.

Rechnen wird im Notizbuch automatisch bei Eingabe zweier Zahlen durchgeführt, und zwar alle Grundrechenarten.

Eingabe von Rechenoperatoren ist dabei überflüssig (Bsp. S. 152).

Weil Apps, die Taschenrechner simulieren, den bisherigen Rechenweg nicht aufzeichen, wurde versuchsweise ein Rechner mit UPN (umgekehrt polnische Notation zur Klammervermeidung) ins → Notizbuch integriert, der bei = als erstem Zeichen in der Eingabezeile erscheint; er nutzt schnell tippbare Buchstaben als Operatoren und vermeidet damit seltene → Sonderzeichen.

Rest, restverwandt → 2-2-Rest (vorne im Glossar)

Rösselsprung ist hier ein gerichteter Abstand in der →Rasterkarte: wie beim Schachspiel zwei Rasterpunkte nach rechts und einen Rasterpunkt nach oben, mit allen Kombinationen eins/zwei, oben/unten, rechts/links, also acht verschiedene Sprünge.

Die Stundenmarken auf einer Analoguhr zeigen an, um welchen Sprung es sich handelt.

H 7 F ist der Rösselsprung von **H**annover nach **F**rankfurt, also im Raster eins nach links und zwei nach unten, wo auch die **7** auf der Analoguhr vom Mittelpunkt aus gesehen steht.

S --

Satzende auf dem Smartphone oder Tablet ist ein Punkt verbunden mit einem neuen Absatz.

Im digitalen Zeitalter ist es nicht mehr notwendig, Sätze eng zu schreiben, um Papier zu sparen, denn es wird auf Bildschirme geschrieben.

Sätze sind jedoch viel leichter lesbar, wenn sie durch Absätze getrennt sind.

Als in der Antike noch auf teure Tierhäute geschrieben wurde, hat man nicht einmal zwischen den Worten einen Leerraum gemacht.

Dies und Sätze ohne Absatz auf einem Tablet sind heute nicht mehr sinnvoll.

In diesem gedruckten Buch ist diese abgesetzte Darstellung natürlich Papierverschwendung und wird nur zur Demonstration der vorgeschlagenen neuen Schreibweise im Hinblick auf Tablets verwendet.

Jeder neue Absatz ist eine Einstiegsmöglichkeit in den Text.

Je mehr Einstiegsmöglichkeiten, desto mehr wird gelesen.

Für Menschen mit Leseproblemen ist diese abgesetzte Schreibweise wesentlich angenehmer und erhöht deshalb die Lesemenge bei gleicher Anstrengung.

Es ist – im wahrsten Sinne des Wortes – absehbar, wann ein Satz endet; zu lange Sätze können für kursorisches Lesen leichter übersprungen werden.

Textseiten bestehen ab sofort aus Grafik-Elementen: Sätze als Textbausteine über anderen Textbausteinen, mit Fugen aus Glas.

Schon das erste gedruckte Buch hielt es für nötig, Sätze nicht nur durch winzige Pünktchen zu beenden; in der 42-zeiligen Gutenberg-

Bibel wird jeder Satzanfang (aufwändig von Hand) durch einen roten, senkrechten Strich im ersten Buchstaben markiert.

Schubladendenken wird vom → Notizbuch gefördert, z. B. indem jeder Ort in einem Hauptdatensatz dem Land zugeordnet wird und das Land dem Kontinent zugeordnet wird.

Nur durch Einordnung in Kategorien kann im Alltag Ordnung in das Chaos der Begriffe gebracht werden.

Um Klischees zu reduzieren, verwenden wir für ein Objekt mehrere Kategorien; der Hauptdatensatz

-01 -079 Chimborazo (6267 m Mhe) [u] < Ecuador < SüA ooo

legt den inaktiven Vulkan Chimborazo in die Schublade "Breitenstreifen 1 Grad Süd", in die Schublade "Längenstreifen 79 Grad West", in die Schublade "Mhe" der Orte mit besonderer Meereshöhe, in die Schublade Umgebung [u], in der sich 11 Orte befinden mit ihren groben relativen Positionen in einem Raster von 15° × 15°, in die Schublade des Staates "Ecuador", in die Schublade "Kontinent Südamerika" (SüA) und in die Schublade aller gespeicherten Orte "ooo".

Alle diese Schubladen sind klickbar und geben ihren gesamten Inhalt damit preis.

Wer erlebt hat, wie nicht kategorisiertes Partikel-Wissen in Schülerköpfen herumschwirrt und nichts als Matsch im Gehirn produziert, wird das weithin verachtete Schubladendenken positiver sehen.

Kategorisierung ist Voraussetzung bei der Erkennung von Objekten durch selbstfahrende Autos bei jeder Beleuchtung und jeder Wetterbedingung, was noch lange nicht ausreichend schnell und gut erreicht ist.

Selbstabfrage ist die wichtigste Lernmethode für assoziatives Wissen. Man benötigt dazu ein Medium, das Antworten von Fragen zunächst verdeckt hält.

Dieses Medium kann ein Leichtlernheft (S. 134) mit Schieber sein oder ein Tablet (S. 62) mit zeilengetrennten Lernlisten.

Selbstabfrage ist nur lernförderlich, wenn sie aus dem Langzeitgedächtnis erfolgt; ich darf die Antworten an diesem Tag noch nicht gelesen haben.

Um herauszufinden, welche Städte von Brasilien in meinem Langzeitgedächtnis sind, darf ich **nicht** im → Notizbuch mit "brasil" eine Liste von 24 brasilianischen Städten auf den Bildschirm bringen, sondern muss zunächst eingestehen, dass mir nur Rio de Janeiro, São Paulo und Brasilia einfallen.

Erst dann schaue ich die Liste an und stelle fest, dass mir Manaus, Belém und Recife auch hätten einfallen können, der Abrufreiz "Brasilien" jedoch nicht für den Abruf dieser Städte gereicht hat.

Bei der nächsten Selbstabfrage an einem der folgenden Tage werden mir mehr brasilianische Städte einfallen, zwar immer noch nicht genug, aber die Anzahl steigt mit jeder Selbstabfrage in größer werdenden Zeitabständen, weil der Abruf besser gebahnt ist.

Richard Dawkins zeigte, dass ein prächtiger Baum mit Tausenden von Ästen informatisch gesehen aus dem Stamm nur entstanden ist durch ständige, einfache Rekursion (auch S. 26).

Verzweige → Wachse weniger

Sonderzeichen tippen vermeiden:

≈ ungefähr

→ Verweispfeil

± Plusminus

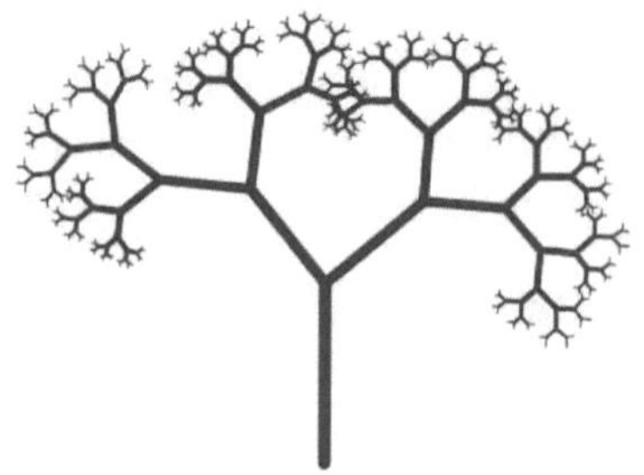

× Malzeichen, Multiplikationsoperator

Da der Mensch ein Energiesparer ist, schätzt er ab, wie lange eine Tastatur-Anfrage im Internet dauern wird und unterlässt die Anfrage, wenn sie gefühlt zu lange dauern wird.

Dadurch unterbleiben Wissens-Erweiterungen und Wissens-Korrekturen, Milliarden allein in Deutschland pro Jahr.

Insbesondere ist die Eingabe von Sonderzeichen auf der virtuellen Tastatur sehr zeitaufwändig.

Wir reduzieren im → Notizbuch die Eingabezeit, indem wir Sonderzeichen vermeiden.

Um nach "Châtelet" zu suchen, genügt es, "chat" einzugeben; das "â" (a mit Circonflex) wird über "a" gefunden.

Das Gradzeichen ° ist auf der virtuellen → Tastatur im zweiten Sublevel versteckt.

Was für ein sinnloser Aufmerksamkeits-Verbrauch, um das Gradzeichen auf dem Tabletcomputer zu finden; Aufmerksamkeit ist die knappste Ressource in unserer Gesellschaft!

Das Gradzeichen muss im → Notizbuch überhaupt nicht eingegeben werden, weil zweistellig gefolgt von Leerzeichen plus dreistellig in Zahlen automatisch eine Rasterkarte produziert mit diesen Koordinaten als Zentrum:

53 013 erzeugt → Rasterkarte mit Berlin als Zentrum

Die erste Zahl ist die Nord/Süd-Koordinate, die zweite Zahl die Ost/West-Koordinate in Grad.

Anstatt Sonderzeichen für die Rechenoperatoren Plus, Minus, Mal,

Geteilt einzugeben genügt[63] es die zwei zu verarbeitenden Zahlen einzugeben:

53 13 eingetippt erzeugt automatisch:

53 / 13 ≈ 4.0769 13 / 53 ≈ 0.2453
53 · 13 = 689 53 + 13 = 66
53 - 13 = 40 13 - 53 = -40
Grundrechenarten aus

Das Auge findet viel schneller das gewünschte Ergebnis, z. B. das Produkt der beiden Zahlen, als es möglich ist, das Malzeichen auf der virtuellen Tastatur zu finden und mit dem Finger zu treffen.

Auch liefert ein üblicher Taschenrechner das Ergebnis von

13/53 = 0.24528301886792453

viel genauer, als es jemand braucht; das Auge wird geflutet von überflüssigen Ziffern; es wird Gleichheit (=) behauptet, obwohl das Ergebnis ungefähr (≈) ist.

Symmetrie wird hier benutzt zur Reduktion von zu merkender Information, Spiegelung am Nullmeridian wie am Äquator, auch "Spiegelung" an der Linie der gleichen Nord- wie Ostkoordinaten.

Die Weltleitzahlen [53 -009] von Limerick unterscheiden sich nur durch ein Minuszeichen von den Weltleitlzahlen [53 009] von Bremen.

Wenn man die von Bremen weiß, muss man die von Limerick in

63 Auch 53 013 eingegeben erzeugt die Grundrechenarten, weit unter der Rasterkarte. Mit Eingabe 53 013a springen die Rechenergebnisse an den Listenanfang.

Irland nicht mehr lernen, sondern nur verwenden, dass Bremen gespiegelt am Nullmeridian mnemotechnisch Limerick ist.

Bei der Spiegelung fallen nur die Plantrapeze aufeinander, nicht genau die beiden Städte, aber das ist unwichtig für die Vorstellung der groben Lage von Limerick.

"Spiegelung" von Hrodna [54 024] in Belarus an der Linie der gleichen Nord- wie Ostkoordinaten führt zu Abu Dhabi [24 054], der Hauptstadt der Vereinigten Arabischen Emirate.

Vertauschung von Rechts- und Hochkoordinaten in einem ebenen, kartesischen Koordinatensystem wäre eine richtige Spiegelung an der ersten Winkelhalbierenden; auf dem gewölbten Globus führt das zu einer Verzerrung, die das Merken nicht behindert.

T ---

Tastaturen sind seit der Einführung des Smartphones und des Tabletcomputers in Veränderung, da man seine virtuelle Tastatur auf dem Tablet unter vielen Varianten auswählen und konfigurieren kann.

Während man auf der Desktop-Tastatur blind mit 10 Fingern schreiben lernen kann, mit Geschwindigkeiten um 10 Zeichen pro Sekunde, ist die Schreibgeschwindigkeit auf der virtuellen Tastatur stark herabgesetzt.

Texteingabe auf dem Tablet ist so langsam, weil zuerst eine virtuelle Tastatur erzeugt werden muss, und die verändert den Bildschirm, verkleinert ihn sogar massiv auf dem Smartphone.

Da man virtuell auch nicht mit 10 Fingern schreiben kann, ist Eingabe über die Tastatur möglichst zu vermeiden.

Auch aus diesem Grund haben wir rund 20 000 → Textoperatoren geschaffen, die geklickt werden können, ohne eine virtuelle Tastatur erzeugen zu müssen.

Die breite Akzeptanz von QR-Code zum Vermeiden von Tippen auf virtueller Tastatur zeigt ebenfalls den Bedarf für problemlose Eingabe.

Textom ist ein gegliederter digitaler Text, bei dem jedes eingegebene Wort und jede kurze Wortfolge alle Textteile listet, in denen diese Wörter vorkommen.

Dabei wird immer nur ab Wortanfang gesucht und die Reihenfolge der Wörter/Wortanfänge ist gleichgültig.

"gro karl" findet "Karl der Große", "welt zwei" findet "Zweiter Weltkrieg".

"fund" findet nicht "gefunden", "*krieg" findet "Hugenottenkriege"; Suche im Wortinneren beginnt mit Stern (*).

Die Daten sind dabei strukturiert in formalisierte Hauptdatensätze, von denen viele [mehr]-Abschnitte in Fließtext haben können, in denen durch Anfügen von "+" auch gesucht werden kann.

Das → Notizbuch ist Prototyp eines Textoms, in dem ca. 20 000 Textoperatoren den auf dem Bildschirm gezeigten Text durch Klicken oder Eintippen verändern, indem ein Suchlauf über das ganze Textom gestartet wird.

Textoperator ist ein Wort, ein Ortsname oder Personenname, eine Zahl oder ein Symbol auf einem Bildschirm, die geklickt werden können und deshalb nicht getippt werden müssen.

Diese 20 000 Textoperatoren müssen nicht erlernt werden, weil es sich meist um gewöhnliche Wörter unserer Sprache, Namen von Orten und Personen, Zahlen und Symbole handelt.

Textoperatoren ermöglichen eine extrem schnelle Eingabe verglichen mit virtuellen Tastaturen.

Im → Notizbuch ist jedes schwarze Wort (in → Hauptdatensätzen) ein Textoperator und in blauen Fließtexten jedes kursiv geschriebene Wort ein Textoperator.

Klick auf einen Textoperator im → Notizbuch erzeugt einen Suchlauf über die ganze Datei und der Bildschirm wird mit den Funden überschrieben.

Ohne Textoperatoren unterbleiben Suchvorgänge – und damit Wissenskorrekturen – in digitalen Texten häufig wegen des zu großen Aufwands.

Tigersprung ist hier ein gerichteter Abstand in der → Rasterkarte: ein Rasterpunkt nach rechts und drei Rasterpunkte nach oben sind ein Tigersprung.

Dabei kann eins/drei, rechts/links, oben/unten beliebig gewählt werden, was zusammen acht verschiedene Tigersprünge ergibt.

G t2 V ist der **T**igersprung von **G**enua nach **V**enedig drei nach rechts, eins nach oben, was auf der Analoguhr ungefähr nach **2** Uhr zeigt.

Ein Begriff wie Panthersprung ist historisch belastet und der Tigersprung hat bereits im Radsport eine Verwendung.

U --

[u], Umgebung → Rasterkarte

u-530 ungefähr Jahr 530 v. Chr.

Umdeutungen bekannter Wörter oder (vermutete) Neuprägungen in diesem Buch sind:

Analgorithmiker (S. 47), Lernprofit, → Kompression (von Lernstoff), → Expansion (von → Memen), Wieder-holung statt Wiederholung, → 2-2-Rest, restverwandt, → Weltleitzahl, → Plantrapez, klickbar (S. 39), Klickwort (S. 38), 500 → Zauberwörter (S. 161), 20 000 Textoperatoren, → Textom, Ultraverlinkung, Leichtlernheft (S. 134), Lernschieber, teilversteckt, zeilengetrennt, Weltlernkarte (S. 163),

Breitenstreifen (S. 16, 127), → Längenstreifen, Präzisionswahn, Hauptdatensatz und [mehr]-Abschnitt, Absatz statt Punkt als Satzende, Punktsprung (S. 83), → Rösselsprung und → Tigersprung in der → Rasterkarte, → Selbstabfrage in Eigenzeit, operatorfreie Grundrechenarten (S. 152), Wissensillusion, Zackenkurve (S. 59), Teilwirklichkeit (S. 100), Umgebungsoperator (S. 98), Merkwirkung, sprechbar (Abk. wie BND, PLZ sind nur buchstabierbar, nicht sprechbar; NATO ist sprechbar).

Abkürzungen im → Notizbuch, die zu den Voreinstellungen des Suchalgorithmus passen): 7S (Seven Summits), 7K (7 Naturkonstanten im SI), Hs (Hauptstadt), Mhe (Meereshöhe), NoA (Nordamerika), Mia (Mittelamerika), SüA (Südamerika), CUM (Canada, USA, Mexico), YoHu (Yorkshire and the Humber, noch länger als Baden-Württemberg und 4 Wörter), RmK (Römischer Kaiser).

Umgebungs-Effekt nennt man die Abhängigkeit des Abrufs von der Lernumgebung, der Umgebung während des Lernens.

Während der Abruf aus dem Langzeitgedächtnis in der Lernumgebung gelingt, kann er in anderer Umgebung misslingen.

Offenbar wird beim Lernen die Umgebung mitgelernt.

Beim Vokabel-Lernen kann man manchmal genau sagen, wo eine Vokabel steht, aber nicht, welche Übersetzung sie hat.

Daran sieht man, dass nebensächliche Ortsinformationen sogar Vorrang haben können und den eigentlichen Lerninhalt blockieren können.

Um in jeder Umgebung abrufen zu können, ist es sinnvoll, in ganz verschiedenen Umgebungen den Abruf zu testen.

Da Lernen sowieso nur durch mehrfachen Abruf (Zackenkurve S. 59) in größeren Zeitabständen gelingt, ist es kein großer zusätzlicher Aufwand, gelegentlich die Umgebung zu wechseln.

V ---

W ---

Weltleitzahl ist hier eine gerundete Nord/Süd- oder Ost/West-Koordinate des uralten Koordinatensystems für Punkte auf der Erdoberfläche mit 180° nach Ost (vorzeichenlos statt Ost) und 180° nach West (negativ statt West) und und 90° nach Nord (vorzeichenlos statt Nord) und 90° nach Süd (negativ statt Süd).

Um Nord/Süd von Ost/West unterscheiden zu können, ist die Weltleitzahl für Nord/Süd immer zweiziffrig und die Weltleitzahl für Ost/West immer dreiziffrig und das Gradzeichen ° entfällt.

Die Weltleitzahlen für San Francisco sind **[38 -122]**, die für Frankfurt **[50 009]**, für Sydney **[-34 151]** und für Quito **[00 -078]**.

Die führenden Nullen dürfen nicht weggelassen werden, sie tragen Bedeutung.

Mit diesem Format von ganzen Zahlen (eventuell zwei Minuszeichen) lassen sich Orte auf dem ganzen Globus ähnlich leicht für jedermann lokalisieren wie Orte mit Postleitzahlen speziell für die Postbediensteten.

Bei der Google-Suche nach der bisherigen Verwendung des Begriffes "Weltleitzahl" fand ich ihn am 18.12.2019 nur ein einziges Mal und zwar im Dokument 'Vereinte Nationen: German Review on the United Nations' Vol. 22, No. 5 (OKTOBER 1974), pp. 155-158 (4 pages), auf S. 155 als Zielvorgabe für die Bevölkerungsentwicklung.

Wieder-holung statt Wiederholung ist die wichtige Unterscheidung zwischen Langzeitgedächtnis und Arbeitsgedächtnis.

Etwas wieder-holen bedeutet in diesem Buch, etwas aus dem Langzeitgedächtnis ohne Hilfsmittel abzurufen.

Etwas wiederholen bedeutet, etwas wieder zu lesen, wodurch das

Gelesene in das Arbeitsgedächtnis gelangt, jedoch nicht aus dem Langzeitgedächtnis geholt wird.

Durch erneutes Lesen entsteht eine **Wissensillusion**: Wir glauben, etwas langfristig zu wissen, vergessen es aber bald, weil es nur im Arbeitsgedächtnis war, das sehr schnell vollständig "überschrieben" wird.

Die Wissensillusion sorgt für viel Frustration beim Lernen, weil sie nicht erkannt wird.

Was ich heute gelesen habe, kann ich heute nicht mehr aus dem Langzeitgedächtnis abrufen, weil das Arbeitsgedächtnis Vorrang hat.

Das Notizbuch ermöglicht das Lernen von Listen über den [Frag2]-Operator (z. B. in den Listen "PSE", "Wetterstädte", "Flusssysteme") oder direkt in "hsla", "lahs" durch stückweises Schieben des Bildschirminhalts nach oben, was kein gedrucktes Buch kann.

Die Rasterkarten sind durch Anfangsbuchstaben von Orten so gestaltet, dass man gefordert ist, den vollen Ortsnamen aus dem Langzeitgedächtnis zu holen, **bevor** man den Buchstaben anklickt zur Kontrolle.

Wikipedia hat als kostenlose Online-Enzyklopädie mit Schwarm-Intelligenz den gedruckten, teuren Experten-Brockhaus als Geschäftsmodell sterben lassen.

Gäbe es die Wikipedia nicht, würde mir viel fehlen; die Wahrscheinlichkeit, bei der Eingabe eines mir unbekannten Begriffes in der Wikipedia Substantielles zu finden, ist sehr hoch.

Manche Artikel haben schon fast Monografie-Charakter und sind für Orientierungswissen zu umfangreich.

Viele biochemische oder mathematische Artikel haben Postgraduate-Niveau, liegen weit über Basiswissen.

Ein Großteil des nicht immer aktuellen und ungeprüften Datenmaterials im → Notizbuch stammt aus Wikipedia direkt oder ist zusammengefasst; nur der Datenzugang ist ganz anders.

X --

Y --

Z --

Zauberwort ist hier ein neues Wort, das aus 3 bis 6 sprechbaren Silben gebildet wird, die Anfangssilben von Orten, Personen, Epochen sind, um eine merkbare Kompression für das Gedächtnis zu haben, die leicht wieder zu den vollen Bedeutungen expandiert werden kann.

CäNieSai ist ein solches Zauberwort für die Namen **Cäsar**, **Nietzsche**, **Saint-Exupéry**, die alle drei restgleiche Geburts- und Sterbejahre (→ 2-2-Reste) haben.

Unter Anfangssilbe wird hier der Wortanfang verstanden beginnend mit Vokal (**Aa**_chen in **Aa**LüMaKoZe) oder beginnend mit mindestens einem Konsonant und einem Vokal (**Be**_rgamo in Be**Be**CrePaKaBo), damit der Anfangsteil sprechbar ist; das muss nicht eine ganze herkömmliche Silbe sein.

Bei der Herstellung des → Notizbuches hatte ein simpler Perl-Algorithmus in die Rohfassung eines Zauberworts erstellt, das dann von Hand auf Sprechbarkeit und Expandierbarkeit optimiert wurde.

Die Zahlenähnlichkeit der Hauptdatensätze gibt Anlass für ca. 500 Zauberworte (gelistet S. 161f), Neologismen, die es in der deutschen Sprache nicht gibt und die an den Binnenmajuskeln als Wörter einer problemorientierten Minisprache erkennbar sind.

Während die Eigenschreibweise mancher Benennungen (z. B. LIKANAS Verlag GmbH) mit Großschrift nur hervorhebt, tragen die Binnenmajuskeln in Zauberwörtern einiges an Bedeutung als

Hinweis auf ein jeweils nächstes Wort, das nur abgekürzt wurde, und als Lesehilfe[64].

Die drei Namen **Gaius Julius Cäsar Friedrich Nietzsche Antoine de Saint-Exupéry** sind für das Gedächtnis eine (längliche) Liste von drei Personen in neun Worten, während CäNieSai **ein** kurzes, zusammenhängendes Wort und keine Liste ist.

Cäsar und Friedrich kleben nicht aneinander; es gibt nichts buchstäblich oder lautlich Vermittelndes zwischen Cäsar und Friedrich oder zwischen Cäsar und Nietzsche.

CäNieSai jedoch ist eine **zusammenhängende** Lautfolge wie

Ta - schen - tuch,

zwar fremd zunächst, aber wie jede Fremdsprache lernbar: die Fremdsprache des Langzeitgedächtnisses.

Die Merkwirkung der Kompression CäNieSai ist einfach zauberhaft!

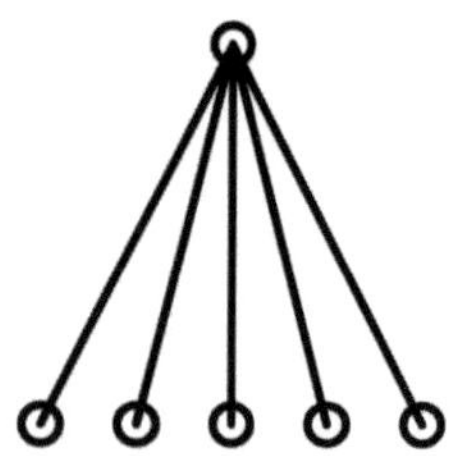

64 'Chipitts' ist die deutsch geschriebene Abkürzung für die 30-Millionen-Megalopolis von Chicago [42 -088] bis Pittsburgh [40 -080]. In den USA denkt man pragmatischer und schreibt sie mit Binnenmajuskel (Chi**P**itts), was deutlich besser lesbar ist, weil man beim Lesen nicht fälschlich auf 'Chip' gelenkt wird.

Die 500 Zauberwörter:

AaLüMaaKoZe AbHroPo AbHyLe **AcAuMa** AdAmBaCaLi AdFuKay AdHaMaRo AdLiKa AeWaPiJaRo AgTaMe AixAvArSmi AjViZuDu AkCleJoyWoo AkEiPe **AlArBaWa** AlArKi AlBeDa AlChiSou AlJoAllPa AlKaiGiDu AllWeHeTwi AlRaDry AlTeMa AlXiNi AmHaUtCaMi AmWaChaVe AnBeFu AnBrüGeWalsJa AnCaPa AnDoRöFra AnFaJiCleKa AnGliKa AnKaLoLoPa AnPaLi AnTouBi ApMaPaPi ArBiKaRaTuAr ArDeKoMeRo ArKruGu AschMaRy AsFeCo AsSaMe AssSpoJu AtBuChu **ÄtCaShiLuMa** AthDaMe AuBeauWei AuNeJa AuTroyBre AzPeBay BaBePa BabOpGeo BaFeRaWei BaFranAs BaFreeMaSe BaFreiRa BaHeiFra BaNoRou BaNuSa BayKinHa BeauPoSteuRo **BeBeCrePaKaBo** BéBiPe BeChaWu BeiSyBe BeLoLuMo BeProRei BeWöCu BhoKaCa BiCoWo BiDaFre BiePaBraiGo BiHaSi BiMaiWieWo BinIhrOsBa BloeDaSi BoCaPro BoFloYeQi BoGeTyFe BoInSiSo BoKaKe BorElOfPa BoTriLaAnSepOr BouDeRasIwLeAb BouDuCaSaBa BouDuMöWo BouNaNa BraLeeKru BraPiEx BraPöWie **BreGaLiRö** BriCaBrüCaLiOo BriJaBo BriMaDe BroReHu BuChriMoBre BurAnGa CaBaMey CaCuSto CaDoPoSoWiHo CaGraMá CaHaKa CaHeiMa **CäNieSai** CaPoXa CáSeHu CeGiTiCle CeKuMa CeLaMaSa CeLüHe ChaDniDe ChaFrieKe ChaHuGaSchnei ChaKiKu ChaPlymAl CheLaOw CheMeiZwi ChiDjoPoMa ChiMiBruBra ChiReSheThi ChoSchweThoTho ChoTaMi CoBriHePaSto CoBruMeMü CoFraHa CoGraLu CoLaBe CuCiZo CyKaJoPau DaFoGaBra DaMuGeKaLóWe DarEdRosAnn DaStreBre DeKlimOe DeSeBe DeStaMaRho DiPaBe DoLoSanTaTaCou DoSheWaAr DroSaRö DuBaMie DuCoLeoLu DuEnNaKro DuItSchaVi DuRaBa DuToHayKo DyHeBa EbBruPau EdAdBau EdHaRo EdStraGreiReiChá EiFiFrieKlaDri EiNeuBraSoRo EkLaPo ElAlKa ElCiFaFra ElKoEu EmVeEs EnDoSa EnHoChlaRu EnOnJa ErBaCoRi ErMaMu ErSilOr ErWeiSuh EsDuDüKöWu EsHeAhSai EvAlBu ExHoMaBae EyUmWe FaReSeTruEr FeGaLo FeVaDa FeVePa FleLePeTei FoCayLo FoGuWaJePreu FoKaLaPai FoKaMia FoSwiJaSchleKo FraDarEbb FraLoLoe FrauKruFe FrieFraSchlie FriKoReu FuDiGia FuSanTi FuVesEr GäBauTho GaHeiHuyEn GaiJaAn GaSiGe GaZüPoMeStei GeBaMa GeHaRu GeiNeuRoo GeJoMiRooPreSo GeRaAb GeRuyMo GhaSchleiHaGa GiHuBu GöHaHiRuRi GoKiNyAbStrau GöRiRo GraDoDro GraLaAlLa GraMüLa GreeVaJeNoe GreHuBrau GroMuWe GrooSpanEb GroSiKaMaKi GrüCoPoy GuCaBly GuDiBri GuGhaWa GuKaGoe GuOtKiStra GyNiDrei HaiMeNiLi HaiQiWa HaiSauNi HaiWeGree HaJeLeiKa HaKieClau HaKoPa **HaLuViKey** HaPeMi HauBaMe HeHeLuMaKoCa HeiCaRi HeiCooWi HeiOsClau HeiSoDe **HeiStuPo** HeNoBe HePeDe HiKaMauTaPa HiReWaBlo

HoDaKaRo HoHeiEi HoHuDe HoJuMa HooVeVa HopHorHot HouWeMey HsiZhoBa HuDaLi HuSuWri IbMöSchrei ilBaLo ilRaSa ImDiAuInWei InLiHa InMeZuGrePuGo IqCoNe IsAbbRa IsLiUlMe IsNeLe IzEphMiKaeSe JaSaSuWa JesAlDe JeTeRaBa KaiMaPe KaiZheMa KaKeRe KaMaSpeyStra KaMaZeuNa KaNieWei KaSaTo KauTuPa KeMoFou KeyPrayOr KhaSaLu KiBieSai KiHéWe KiTaSte KleePeTroDu KleiKeVe KoAvMuSwa KoBeCaHe KoCaLuFrei KoCaReSaCleLe KoKoSchwa KonOsWe KoPoRü KoRaRei KoTheSa Kreu-FrüWo KroPeTe KuTaiMa KuTschaMai LaDaDi LamEiHo LeiLiNoNoSheRi LeViRa LeWrenEi LiBriFe LiLuPiHa LiMaPri LimOxBrau LiVeCa LiViKa LoLeoFiPe LoSiTra LüGraMaSo LuLiRo LuNeCoHei LuNouDu LüPuSchwe LuSaaJo LüSieTschi LyClunAb LyThukEuVaBouLo MaBiBe MaCaQue MaCeBo MaCiToMaMoGre MaGieKaMe MakOvKlaTha MaMaFlau MaMaMo MaOsPu MaTeBo MaVeLa MeArBakOnScho MeBaDe MeBoHoo MeDuJa MeLiWe MéMeDü MeNaBaChâ **MePaRiSanDeHe** MePeHo MePoChi MeProPra MéSaCe MeSaSanStaSu MeYoSe MeYouLi MiCaMoTa MiKoPa MilOxIpCo MinUrVicOt MiStrauSchi MoGoCi MoMaVe MoNîMi MoQoLie MoSouHa NeMouNeTu NeSiKe NeVeSoNa NewDiScho NiaHeyPe NiHaCha NiMoGraStau NiRaSte NoCaNe NoHaDe NowOtOr NuVaLeEr NyCaVi OaSanHe OjAsMa OmPerEc OrBlaStu OrDayRauLe OrPhiLu OrPie-MoPeDschiRo OrTaBe OsKyTa OsMahlAu OsMüCoBe OulAiLiWhiMa OvCa-TouCi PaCaRaa PaMaVi PaNaWi PaPeSchiZa PaQuiBoBa PaRaTai PaSaMoJe PaTsaBrau PaVaJePe PeCaMoLei PeGaMou PeLeeHaj **PePiVi** PetArKu PhoeHauOs PiHaMoChaLe PoBlüRayBu PoGroMa PoLoFra PoPaBhaFro PoPyGa PoRoCaMi PoTscheHa PoWiPi PuJaNe PyHeAlUr QiBuHaa QueWo-BrauHo QuiPtoDa QuIrIn RaChaZu RaCoNeu RaGiHe ReiFaVe RePraMa ReWeStriRe RheKoGliFo RieDeGnei RiHaHa RiNoSoCa RiTaBo RoFoMo RömEdKa RoVePoTu RoViMaMay RusArPe SaCaHa SaDiHe SaiLaLiBraVa SaiRuCo SanBeNaZi SanTeMo SanZheTreVa SaPeSoWe SaViPePa ScheGre-SaMa SchiAlBeJaMu SchiDiTo ShaMeeNaTu ShiCaWu ShreLaGuPu SiHeSpo SkeDaBa SkoBeKro SlaPiDieTraCa SnoAsWoSeWaCe SpriPeChréHa StaPiBru-Cu SteCraNi SuDvoSta SuiDuAlSa SuXeTe SwaDjeKeLee SwaRoRaDenIr SzeFaStei **TaHoKaNa** TaMinIw TamUtSo TanAuBeFi TaTheFu TaThuSa TeEcWiPu TeGeGluMa TheDreiBeJü TiCoRa TiDoHei TiDuCy TiMoPri TouBu-Ka TrajAlThou TriLloSpe TriWieSchlieDo TroSaCaMo TroVeJoLu TuBeKu TuPoSau UjKiIn UlMuCoBlu UnKoBu UpFraWeKü UrGePo UrJouCeau UsBeSa VaCaGe VaCooLe VaHeFouPo VallAkMa VauBauDaLi VeFiSchu ViCaTi ViXiOt WaDePau WallOrRi WeiVoBa WeyDoStrau WiDöHo WiGriKo WiHugEis WüPaNoFu YaNaNaChi YeFiCo YoPauFe YuNieBra ZaLeiZe.

Anhang

Abbildungen folgende drei Seiten:

Weltlernkarte (in 3 Ausschnitten, Design Nr. 402020202113 beim Deutschen Patent- und Markenamt München), die sich sich aus den Daten im → Notizbuch ergibt.

Die Weltlernkarte ist nicht für nutzbare Darstellung in einem Buch konzipiert, sondern für den plakativen Aushang.

Sie ist doppelt so breit wie hoch und eignet sich daher auch als Landkarte oder Wandzeitung 2 m × 1 m oder größer.

Mehrere Personen können sich davorstellen und gemeinsam herausfinden, welche Anfangsbuchstaben für welche Städte oder Extremorte (Mount Everest) stehen.

Die Weltlernkarte ist – im Gegensatz zum Periodensystem – Output-orientiert, denn die Anfangsbuchstaben fordern zur Namensergänzung aus dem Langzeitgedächtnis auf.

Durch Eingabe der Koordinaten (z. B. 00 -078 oder nur 00 78) in das Notizbuch geiring.de/nb erfährt man, dass der Anfangsbuchstabe "Q" an dieser Stelle auf dem Äquator (orange Linie in der ersten Abbildung) "Quito" bedeutet.

Fette, rote Punkte haben ganzzahlige Koordinaten in Zehnerschritten.

00 -120
00 -110
00 -100
00 -090

60 000
00 000
-10 000
-20 000
00 -010
00 -020

070
00 080
00 090
00 130

Ein ausführliches Stichwortverzeichnis zu diesem Buch sowie Fehlerkorrekturen finden Sie in

geiring.de/nbs

DerTextom-Prototyp oder das Notizbuch (geschrieben für Tabletcomputer, nur getestet mit Browser Chrome) ist zu finden in:

geiring.de/nb

Die Zahlen 0 bis 9 und 00 bis 99 in zufälliger Anordnung, erzeugt mit Eingabe "majors" im Notizbuch, um die Übersetzung Zahlen → Bilder zu üben (S. 75):

31	27	30	23	51	59	52	4	48	90
65	01	46	54	19	40	67	86	82	76
39	50	21	47	74	33	77	26	09	22
18	34	9	02	70	69	3	13	29	79
00	2	1	0	96	07	44	12	45	35
78	55	72	08	17	32	73	20	10	14
43	92	62	98	71	5	81	60	57	37
28	24	49	05	94	75	11	66	42	68
56	25	91	97	58	04	63	87	89	6
85	64	41	16	93	8	7	38	84	36
15	06	03	88	83	53	99	61	95	80

Für 4 und 04 macht es Sinn sich verschiedene Bilder im Major-System (S. 73: **R**eh, **S**äu**r**e) einzuprägen; deshalb enthält die Liste 110 ein- und zweistellige statt nur 100 zweistellige Zahlen.